温馨典雅的珠海市香洲教育幼儿园

朱小艳园长在首届珠中莞肇江阳韶省级名园长
联动交流会上做分享交流

走访学习，相互交流

珠海市第三期名园长工作室赴唐家湾
中心幼儿园交流

第三期珠海市园长工作室成员合影

省、市朱小艳名园长工作室读书会研讨活动

广东省朱小艳名园长工作室团队

邀请海内外专家学者来园授课

路遥

——朱小艳园长工作室成果汇编

朱小艳／主编

李 璐／副主编

吉林人民出版社

图书在版编目（CIP）数据

　　路遥：朱小艳园长工作室成果汇编 / 朱小艳主编
. — 长春：吉林人民出版社，2019.12
　　ISBN 978-7-206-16638-9

　　Ⅰ.①路… Ⅱ.①朱… Ⅲ.①学前教育—教学研究
Ⅳ.①G612

　　中国版本图书馆CIP数据核字（2019）第282632号

路遥——朱小艳园长工作室成果汇编

主　　编：朱小艳　　　　封面设计：姜　龙
责任编辑：陈文杰
吉林人民出版社出版发行（长春市人民大街7548号　　邮政编码：130022）
印　　刷：北京虎彩文化传播有限公司
开　　本：787mm×1092mm　　1/16
印　　张：15.25　　　　字　　数：275千字
标准书号：ISBN 978-7-206-16638-9
版　　次：2022年6月第1版　　印　　次：2022年6月第1次印刷
定　　价：45.00元

如发现印装质量问题，影响阅读，请与出版社联系调换。

编 委 会

玉兰花般的女子

玉兰

未叶先花

秀而不艳

一如其真挚的品质

一如其对教育的执着与美好

她柔情而深刻、高瞻且远瞩、至简并从善。

她如白玉兰般的教育情怀，深深地吸引了我，让我对教育有了全新的思考。而她——就是珠海市香洲教育幼儿园的朱小艳园长。我和朱园长是通过她的工作室结缘的，当我走进她的园所时，每一个角落都让人感受到一种独特的文化芬芳，不禁为之感动。

1992年，从华中师范大学教育系学前教育专业毕业后，朱园长就来到了珠海，成为珠海幼教界的一分子，她担任过一线幼儿教师、教育局幼教教研员、幼儿园园长、香洲区学前教育协会创始人及会长等职务。一路走来，她见证了珠海市学前教育的发展历程，同时她个人也在不断地成长、蜕变。

她总是说"最大的梦想就是办一所自己喜欢的有灵性的幼儿园"。十年磨一剑，她办到了，珠海市香洲教育幼儿园就是她教育思想的孵化所、教育实践的成功地！走进教育幼儿园，它就像是个神奇的所在，使人瞬间平静、安宁，教师、孩子、家长都如此"共频"，一切都那么自然、和谐、有序。

幼儿园的大操场边有一棵白玉兰树，亭亭玉立、遮阴挡雨且芳香四溢。据说，它是一棵有"故事"的树：

2010年1月，这棵树移种于香洲教育幼儿园大操场，后来逐渐叶茂，成为孩子们嬉戏乘凉的好地方。

2017年8月23日，这棵树受台风"天鸽"吹袭倾倒。

2017年8月24日，切割受损枝干。

2017年8月25日，大家齐心协力将其扶正。

2017年9月，这棵树再次发芽重生……

2018年9月16日，"山竹"超强台风正面袭击珠海，这棵树再次严重受损，以至于无法存活。

2018年10月，家长们捐赠了一棵姊妹树，生命因此而延续……

因此，我顿时领悟：朱小艳园长正是那如玉兰花般的女子．而她所在的幼儿园也飘溢着"白玉兰文化"浓郁的馨香。

玉兰之叶——朴素无华

"白玉兰文化"彰显着百折不挠、坚强不屈、勇往直前的奋斗精神；散逸着家园和谐、崇尚自然、天人合一的哲学诗意；流淌着承前启后、团结一致、活力永驻的高雅情操。幼儿园里，那美丽灵动的鹦鹉与活泼可爱的兔子，那火热烂漫的炮仗花与苍翠繁茂的树木，那碧绿青青草坪与泥土的芬芳，那荷花与南瓜构织的场景，那孩子们亲手折的千纸鹤上的美好寄语，那教师们穿着高品位园服的合影，一切的一切都演绎着"白玉兰文化"的力量与精彩。正如玉兰之叶，愿做传播科学教育理念的使者。

玉兰之花——沁人心脾

在对教育的诠释中，她始终充满着尊崇自然的思想火花。她说，返璞归真是她创建文化的重要原则，人文化之是她创建文化的秘诀。她在"人与物、人与人、人与组织"的哲学关系中，确立了"勤、实、群、专、新"的五字文化精髓。我忽然间也有了一个春天般的联想：勤，乃白玉兰之根，永远扎在泥土中，勤劳地吸收水分，以辅助玉兰的勃勃生长；实，乃白玉兰之干，长得结结实实，让白玉兰挺拔笔直；群，乃白玉兰的枝，它们与根、干、叶构成了一个牢不可破的整体；专，不就是那叶吗？它们将阳光变成营养，转化成旺盛的生命力；新，不就是那花吗？每年都会带来崭新的灿烂。一如玉兰之花般纯粹、焕发、自然。

玉兰之果——春华秋实

在教育幼儿园自下而上的园所文化中，处处都有玉兰的清香扑鼻而来。在朱园长的带领下，园所的管理团队活力四射、自觉自律，从善至真的教育思想深刻地烙印在每一位员工的心中。级组长负责制是管理的品牌——坚持做最本质的事情、做最本真的自己，不虚不飘是工作的态度；党建工作全面认真落实是教育发展的引擎——打造幸福、活力的团队是园所的目标。这里承载着教书育人的自信与自豪，也让珠海市香洲教育幼儿园屹立于学前教育之林，收获了社会的口碑、家长的认可、幼儿的喜爱及教师的拥戴。

朱小艳园长秉承着"一枝独秀不是春，万紫千红春满园"的理念，辐射带动着身边的教育同行。自2000年开始，她陆续担任香洲区首届学前教育工作室主持人、学科带头人、珠海市历届园长工作室主持人和教育幼儿园联盟园领衔园长以及教育幼儿园及两所分园的总园长，带领的园长及骨干教师超过百余人。她用心地带领着大家，努力学做会信任、能包容和有毅力的优秀园长。她秉承"做最好的自己，让身边的人变得更好"的宗旨，影响和带领着身边的每一个人，让更多的"善"和"美"在身边流淌。

今天，朱小艳园长所倡导的教育理想和充满文化质感的实践探索打动了许多正在追逐教育真谛的同行者。而我作为她工作室的专家导师，更感动于她对每个学员倾注的真诚和无私的期盼。"大家好才是真的好"是她的口头禅，她对教育本真执着的追求，勇挑时代的担当，心怀儿童、心系事业的格局影响着一批批的幼教从业者。

正如书名《路遥——朱小艳园长工作室成果汇编》所传递的含义——教育真知之路漫漫其修远兮，我们都是探索者。我是朱园长的朋友、同行，更是其理念的极大认同者，我将时刻注视着她，期冀她远征路上的精彩。

牛甫

2019年5月1日 于北师大珠海分校

序言

珠海市朱小艳园长工作室简介

珠海市朱小艳园长工作室成立于2011年6月，是珠海市教育局遴选产生的首批市园长工作室之一，至今已先后组建了3期学员。工作室旨在充分发挥名园长在基础教育改革与幼儿园管理中的思想引领作用，推广先进理念、教育教学和教育科研方面的优秀成果，带动提升市区幼儿园园长队伍整体素质，推进学前教育优质、均衡、和谐发展。多年来，工作室始终坚持以跟岗实践为主要依托，以自主研修为基本方式，以课题研究为重要抓手，以课程管理为重要内容，帮助学员不断提升专业精神、专业理论和专业能力。经过7年的成长与历练，工作室已成功培养了一批师德高尚、业务精湛的幼儿园园长，形成了自己特有的教育管理理念和运行模式，并在园所文化打造、园本课程的研究与实践以及幼儿园师资队伍建设等方面取得了丰硕的成果。

广东省朱小艳名园长工作室简介

广东省朱小艳名园长工作室成立于2018年9月。目前，工作室主持人朱小艳园长是广东省教育厅授予的广东省新一轮22个名园长工作室主持人之一，也是珠海市唯一一个省名园长工作室主持人。工作室由主持人、高校专家1名、技术专家1名、助手2名、学员5名（广东省名园长培养对象）以及50名网络学员构成，他们分别来自广东省各地。为充分发挥示范、引领和辐射作用，工作室将进行跨区域、跨园所融合，力求共同提高进步。

广东省朱小艳名园长工作室以《幼儿园工作规程》《幼儿园教育指导纲要》《3~6岁儿童学习与发展指南》为指导，认真贯彻落实《广东省中小学名教师、名校（园）长工作室工作指南》文件精神，以"让自己变得更好，让身边的人变得更好"为工作室建设理念，以促进园长、教师专业化发展为目标。同时，在专家团队的引领下，集"名园长工作室团队"智慧，围绕一个核心——提升幼儿教育品质，开展园长管理实践研究、教师教育教学研究以及线上和线下学术研究，形成"搭建求知共享平台，建构高效教研体系以及撰写优秀管理课程"的成果模式。

朱小艳　工作室主持人

朱小艳，1968年10月生于湖北荆州，1992年毕业于华中师范大学教育系学前教育专业。2018年获得幼儿园正高级教师职称。现任珠海市香洲教育幼儿园园长、党支部书记。

朱小艳从教27来，先后担任过幼儿园一线教师、园长、幼教教研员和学前协会会长等职。曾获"宋庆龄幼儿教育奖"等荣誉称号。

朱小艳现任广东省名园长工作室主持人。曾任珠海市历届"朱小艳园长工作室"主持人、幼教学科带头人和首届学前教育工作室主持人。

朱小艳于2015年、2017年分别创办了两所高品质的分园。其撰写的书籍《破土的力量》《幼儿园遇到5S之环境篇》《幼儿园遇到5S之主题篇》在广东教育出版社出版。

"让每一个儿童拥有良好的人生开端"是其不懈追求的教育理想！

牛宙　高校专家

　　牛宙，北京师范大学珠海分校教育学院学前教育系副教授，北京师范大学心理学博士。

　　主要研究领域为儿童发展与教育。曾参加国家自然科学基金研究项目《儿童早期社会行为发展与父母教养因素的追踪研究》，国家自然科学基金项目成果推广课题《幼儿智力与社会性和谐发展》，全国教育科学规划重点课题《尊重平等教育与德育改革》等课题的研究工作。主持广东省质量工程建设项目——《学前教育专业综合实践教学基地建设》，成果显著，荣获校级教学成果二等奖。在《心理发展与教育》《中国健康心理学杂志》《中国学校卫生》等核心期刊上发表论文十余篇。主讲课程：《发展心理学》《心理学研究方法》《学前教育评价》《学前教育研究方法》等。

陈敏敏　工作室成员

　　陈敏敏，珠海市高新区港湾幼儿园负责人，珠海市高新区首批唯一一个幼儿园工作室主持人，珠海市高新区唐家湾镇人大代表。曾先后获得香洲区先进教师和珠海市师德先进个人荣誉称号。在幼教岗位上工作了22年，其论文、教育笔记多次获得全国、省、市、区一、二等奖，珠海市"十三五"规划课题主持人，多篇论文刊登在省级期刊、报刊上。自2014年任现职以来，她创新团队建设方式，先后培养、提拔了12名骨干教师、3名行政主任。

胡亚敏　工作室成员

　　胡亚敏，珠海市横琴中心幼儿园园长，本科学历，北京师范大学教育管理专业毕业，珠海市学前教育协会理事，珠海市园长联谊会理事，中国幼儿园主动学习研究会专家委员。多次赴美国、日本、印尼等国进行幼儿教育的考察及交流，获美国HighScope课程PCC培训证书、蒙台梭利高级教师等证书。曾参与《蒙特梭利教育延伸教材》《智慧堡》等教材的编写工作，并有多篇教育教学论文、教案在省内外获奖，多次承担市级、省级及国家级的公开教学观摩活动，多次被评为市级、区级优秀教师。

刘　慧　工作室成员

　　刘慧，珠海市香洲区五洲幼儿园园长，珠海市第八届人大代表，广东省一级幼儿园评估专家，广东省南粤优秀教师。同时也是儿科主治医师，高级营养师，心理咨询师，更是全国幼博会、学前教育国际论坛、亚洲幼教年会、省教育评估协会特邀讲师。1996年自行研制了两套电脑软件，在全国首创了幼儿园卫生保健工作的电脑化管理。先后负责或主持珠海市教育科研"十二五"规划课题和区重点课题，科研成果显著，荣获珠海市香洲基础教育教学成果一等奖，并由此编著了两本书籍，由广东省教育出版社出版发行。

刘宇红　工作室成员

刘宇红，1987年7月参加工作，华南师范大学教育管理专业毕业，本科学历。现任珠海市平沙镇学区管理办公室幼教专干、珠海市高栏港区教育督学、珠海市高栏港区学前教育专委会监事会成员。1993年9月至2017年2月，历任珠海市平沙镇中心幼儿园教师、保教主任、副园长，其间曾获得由珠海市人民政府颁发的"珠海市先进教师"称号，由珠海市妇联、珠海市巾帼文明岗联谊会授予的"珠海市巾帼服务之星"荣誉称号。撰写的论文也曾多次获得市、区优秀教育教学论文评比一、二、三等奖。

张维东　工作室成员

张维东，从事幼教行业31年，大学本科学历。自1996年开始在香洲教育幼儿园工作16年，先后担任教师、保教主任、副园长。2013年至今，在珠海市香洲区南屏镇中心幼儿园任园长。曾荣获"珠海市先进教师"荣誉称号，先后担任香洲区第九届政协委员、幼儿园教师资格证考试面试官、香洲区学前教育设置评议委员会专家库成员、珠海市中（初）级职称评委会评委。

罗彩容　工作室技术专家

　　罗彩容，珠海市香洲教育幼儿园教师，名园长工作室技术指导专家，幼儿园一级教师。2001年参加了广东省珠海教育学院计算机课程培训；2002年学习了图像处理软件；2003年学习多媒体制作课程，2009年学习了"教育评价及SPSS教科研方法"；2011年9月参加全国计算机等级考试，获得一级合格证书。

李璐　工作室助理

　　李璐，珠海市香洲教育幼儿园教师，朱小艳名园长工作室助理，幼儿园二级教师。2012年7月毕业于北京师范大学珠海分校学前教育专业，连续4年担任珠海市朱小艳名园长工作室助理。秉承"学为人师，行为世范"的教育理念，多年来，她开拓进取，不断创新，所创编的绘本作品曾赴意大利参展并被当地图书馆收藏。同时，积极参与各项课题研究，所撰写的论文也曾多次在省、市各论文比赛中获奖。

罗选　工作室助理

　　罗选，珠海市香洲教育幼儿园教师，朱小艳名园长工作室助理，幼儿园二级教师，2015年毕业于山西省太原师范学院。2015年11月荣获"全国幼儿教师职业技能大赛"论文类特等奖、教育随笔一等奖，2016年北京海淀区"童心杯"教育故事二等奖，2017年度第二届"海森高幼儿主动学习教育征文"文章类二等奖；2018年5月荣获珠海市幼儿园优秀自制玩教具展评活动一等奖；2018年6月荣获广东省幼儿园优秀自制玩教具展评活动一等奖；2018年11月荣获全国幼儿园优秀自制玩教具展评活动一等奖。

蔡在媚　工作室学员

　　蔡在媚，阳春市教育实验幼儿园副园长，幼儿园一级教师。2002年10月荣获阳春市"优秀青年志愿者"荣誉称号；2006、2015、2018年荣获阳春市"优秀教育工作者""优秀共产党员"称号；2009年9月荣获阳春市"优秀女工干部"称号。撰写的教育教学论文20多篇在全国、省、市获奖或发表，其中论文《幼儿园教师团队建设的实践与思考》在《新课程研究》上发表，是广东省"强师工程"省培的幼儿园骨干园长。

张清华　工作室成员

　　张清华，珠海市香洲区五洲幼儿园业务园长，幼儿园一级教师，2006年9月荣获珠海市香洲区"先进教师"称号；2006～2012年连续荣获拱北海关"优秀员工""特殊贡献员工"等荣誉称号；2011年9月荣获珠海市第三届骨干教师"优秀学员"称号；2012年9月荣获珠海市"先进教师"称号；2012年10月荣获国培计划——全国幼儿园骨干教师培训"优秀学员"称号；2015年4月遴选为珠海市"名师培养对象"。

徐达娴　工作室成员

　　徐达娴，阳江市第一幼儿园副园长，幼儿园一级教师。工作期间，坚持"以人为本"，关心每一个孩子的发展。1997年被评为"广东省南粤优秀幼儿教师（特等奖）"；2008年被评为"优秀共产党员"（市直工委），2011年被评为"优秀党务工作者"（阳江市教育系统）；2015年被评为"市优秀教育工作者"。

卢秋平　工作室成员

　　卢秋平，珠海市斗门区井岸镇新堂中心幼儿园园长，幼儿一级教师，2010年毕业于北京师范大学珠海分校学前教育系，2009～2015年连续荣获斗门区青少儿艺术花会"优秀辅导员"称号；2013年7月荣获斗门区"优秀共产党员"称号；2014年7月荣获斗门区第一幼儿园"优秀员工"称号；2015年9月在斗门区教育系统"弘扬高尚师德，争做'四有'好教师"主题师德演讲比赛中获三等奖；2016年5月荣获珠海市骨干教师"优秀学员"称号。

曾颖　工作室成员

　　曾颖，珠海市金湾区三灶镇第二中心幼儿园园长，珠海市城市职业技术学院特聘讲师，珠海市先进教师，幼儿园一级教师。金湾区督学，金湾区学前教育常务理事。2016年省级课题《美工创意和科学探究融合的实践研究》担任课题组主持人；2017年省级微课题《幼儿美术作品在环境教育中展示策略的探究》顺利结题，本人担任课题主持人；2017年论文《3～6岁幼儿美工创意的指导策略》获得广东省教育学会论文评比二等奖。

目录

第一章　志存高远

第二章　脚踏实地

第三章 三人行，必有我师

第四章 不忘初心 方得始终

目录

路遥——朱小艳园长工作室 成果汇编

志存高远

第三期朱小艳园长工作室成立

2017年3月18日，在珠海市共乐幼儿园的礼堂里，我们迎来了期待已久的园长工作室见面会。

期待的光芒在每个人的眼中燃点，五洲幼儿园的刘慧园长、南屏镇中心幼儿园的张维东园长、横琴中心幼儿园的胡亚敏园长、平沙镇中心幼儿园刘宇红园长、唐家湾中心幼儿园的陈敏敏园长成为珠海市第三期朱小艳园长工作室的成员。

在聆听了市、区教育局主要领导对工作室的部署与要求后，朱园长和成员们共同上台合影留念。这是一个美好的时刻，让瞬间变成了永恒。

接下来，朱园长和工作室的成员亲切交谈，描绘了接下来两年的规划蓝图。全体成员内心充满了期待，在感恩朱园长带领的同时也表示将全力以赴，以"做最好的自己"为目标，努力成为一位优秀的幼儿园园长！

朱园长和工作室成员

走访与规划

为充分发挥园长工作室的引领、示范、指导和辐射作用，深入了解各成员单位的办园情况与具体需求，朱小艳园长在第三期园长工作室成立初期和末期，均对工作室成员各园进行实地考察，与成员们就愿景规划、硬件改造、办园思想、文化建设、教学管理等方面进行研讨。前期，工作室主要围绕幼儿园园本课程的创设与实施开展教研，并强调园本课程是幼儿园的"生命力"，园本课程离不开园本实际，离不开"鲜活"的现场，离不开教师的用心观察。后期，工作室以读书会的形式，深入钻研儿童发展理论，探究"鲜活"的现场，挖掘身边幼儿及教师的"故事"，不断凝练科学的教育观点与教学手段，在帮助成员们提高自身业务水平的同时，也为其所在幼儿园的今后发展提供了新的理念与思路。

春风十里　途中有你
——记第三期园长工作室第一次会议

日月运转，四季轮回，随着绿叶吐蕊，大地复苏，那丝丝轻柔的春风，就这样轻轻吹醒了沉睡中的一切。前一期的工作室活动刚画上句点，新一期的朱小艳园长工作室又正式成立了！继3月18日工作室成员首次见面后，4月19日，大家再次聚首，在教育幼儿园的会议室召开了本学期的第一次会议。

一张张或熟悉或陌生的容颜——有来自五洲幼儿园的刘慧园长、南屏镇中心幼儿园的张维东园长、横琴中心幼儿园的胡亚敏园长、唐家湾中心幼儿园的陈敏敏园长以及平沙镇学区办的刘宇红园长，在朱园长的组织下，大家以抽签的方式按顺序介绍了自身及园所的基本情况及有待解决的问题。

刘宇红园长最幸运，抽到了"头奖"。主管平沙镇公办及民办幼儿园业务的她指出了平沙镇民办幼儿园的共同问题：教学为主，幼儿活动区域少，户外活动单一，教研力量薄弱，希望能与工作室成员一起分析并解决这些难题。作为工作室中两所最年轻的幼儿园，五洲幼儿园的刘园长和横琴中心幼儿园的胡园长分别阐述了自2015年9月开园以来的园所建设发展历程。刘园长凭借自身的专业特长，带领幼儿园走向一条安全为首，精细化管理的发展道路，并取得了突出的成果。胡园长则依托华发教育集团以及容闳国际幼稚园强大的教育背景及丰富的教育资源，在"以人为本，乐以养性"的办园目标下，努力健全管理机制，多元构建园本课程，重视团队学习，向打造一所根植民族、绽放国际的幼儿园迈进。而张园长和陈园长除了从建园背景、园所环境、课程理念、办园成果等多方面分享了南屏镇中心幼儿园及唐家湾中心幼儿园的情况外，还强调了要结合周边的地域文化开展教育教学。

两个多小时详尽的介绍，让成员们对各园所间的情况有了初步的了解，虽不尽相同，但其中有一个共性的问题，那便是课程。因此，朱园长在结合了成员们所说的内容后，提出了本学期工作室的计划：加强成员间的交流分享，以平等、互动的模式，就如何构建幼儿园园本课程开展有针对性的、高品质的研讨。为此，她还提出了更为具体的建议，建议每位成员在会后查阅国内外关于园本课程的观点、做法，就感兴趣的部分进行探究与思考，在下一次的工作室活动中，结合本园课程阐述并讨论。最后，她总结道："我们身处的学前教育大环境是一个花园，里面万紫千红、千奇百怪的花朵是每所幼儿园的课程。花儿的形态与姿色取决于种子本身，也就是我们幼儿园所处的环境、师资、孩子、家长、社区等，在阳光雨露的滋养下，呈现出形态各异、独具芬芳、无可比拟的魅力，为红情绿意的花园贡献出自己的力量。所以我们的园本课程所追求的并不是花儿各方面有多完美，而是花儿本身是否与众不同、独一无二。"

"与众不同、独一无二"，这是个漫长的过程，或许需要一轮乃至几轮的花开花落、春华秋实。如今，我们站在春天的门槛，是岔道？是转角？不知道。只是，这春风十里，有你，有我，有我们共同的努力，相信不久的将来，哪里都会是康庄大道！

（珠海市香洲教育幼儿园　李璐）

第三期园长工作室第一次会议

研修观摩心得

相遇相知　结伴同行

2017年3月，我与朱小艳园长工作室的其他成员们一同有了一个组织，有了同行的姊妹。在幼儿园今后成长和发展的道路中，大家结伴同行，相互扶持，温暖你我，共同奔向灿烂的明天。

朱园长工作室成立伊始的4月19日，我们相聚在珠海市横琴镇中心幼儿园，参观了园舍环境，同时相互介绍了自己所在园所的基本情况。

首先，刘宇红园长介绍了她目前离开了平沙镇中心幼儿园，在平沙镇学区办负责业务管理工作。目前管辖的有14所幼儿园，其中3所公办园（2所市一级、1所区一级）、11所民办园（1所市一级）。目前个别幼儿园存在区域活动少、小学化的情况，需要在后续工作中加强培训和管理。

随后，横琴镇中心幼儿园的胡亚敏园长以"乐在心、成于性"为主题，介绍了横琴中心幼成立于2015年9月6日，占地和建筑面积均为9 000多平方米，目前有14个班，教职工66人。幼儿园以高起点、高层次、高品质、国际化为发展定位，2018年争创市一级、2020年争创省一级幼儿园。通过制度汇编、例会恳谈、期末导师疏导、工会的达人俱乐部等管理模式，体现高效、人性化的管理。同时，通过团队学习、专业培训、定向提升的模式让教师获得专业成长。目前的课程结构为：AHA+六大好习惯+主题+传统文化。通过后勤的六大安全体系、家园共育来开展保教工作。

唐家湾中心幼儿园的陈敏敏副园长介绍了所在幼儿园关注、接纳、体会"从心出发"的教育观，以纵横团队的架构来开展教研，打造以唐家湾文化为特色的园本课程，在环境中充分体现教育化和园本化。课程的实施以中班区域的大循环、集体生日会、大班开笔礼、初一到初七的赶集会等重点活动来展开，以"世界咖啡"模式开展教研和家园共育活动。

第一章　志存高远

张维东园长介绍了南屏镇中心幼儿园的情况，目前有21个班750名幼儿和85位教职工。遵循"静听花开的声音，享受成长的快乐"的培养理念，以师德建设为中心，打造"青蓝工程"模式下的教师培养工程；以课题为抓手，通过四大教研组，每周开展教研活动。目前的课程结构是：传统文化+游戏+生活，使生活教育化、教育生活化。

我介绍了五洲幼儿园的基本情况：该园于2015年9月6日成立，是一所民办公助的普惠性幼儿园，目前有15个班，在园幼儿503名，教职工71人。以"让每个儿童拥有良好的人生开端"为宗旨，以"体魄强健、自主管理、快乐思维、友善感恩"为培养目标，以课题为抓手，引导教师积极钻研、探索，不断推进"以传统节日+主题活动"为载体的园本课程构建；以5S精细化管理为特色，打造优质高效的后勤管理团队。目前，对园本课程建构的疑惑为如何打造适合本园特色的园本课程。

最后，朱小艳园长做了总结性发言，对后续工作室工作进行了大体安排，并要求每位园长查阅、收集关于课程的观点，下一步围绕园本课程建设展开深入的专题讨论。

本次各园所将各自的管理理念、课程建设和园本特色进行了介绍和讲解，不仅增进了彼此之间的了解和沟通，也为今后的研讨切磋、沟通提高奠定了基础。

（珠海市香洲区五洲幼儿园　刘慧）

脚踏实地

学习与培训

在朱小艳园长"让自己变得更好，让身边的人变得更好"的理念指引下，工作室先后邀请国内外专家，开展了专题讲座、跟岗观摩、课题研究、课程探讨、读书交流等学习活动20余次，受众达1 000余人，为成员们提供了学习互助、研究交流、资源共享的合作发展平台。

生命传记工作坊

人智营养学

非暴力沟通

聚焦性观察培训

跟岗学习

曾经听过这样一句话："园长的思想有多远，幼儿园的发展就有多远；园长的思想有多高，幼儿园的发展就有多高。"是的，园长作为幼儿园的"领头羊"，是幼儿园发展的方向标，肩负着领导者、教育者和管理者的角色及相关职责，唯有提高园长的自身综合素质和管理能力，才能引领幼儿园获得良性发展。跟岗学习是提升园长专业素养的一种行之有效的方法，而名园长的思想、管理经验等都是园长们在专业成长之路上的精神食粮，非常有幸，在本届名园长工作室的学习之旅中，朱园长给广大学员园长们提供了丰富多彩的跟岗学习内容，在朱园长的引领下学习先进的管理经验和管理模式。接下来，就让我们一起看看这些学员园长们在跟岗学习中的所思所想吧！

五常花盛开

——记全国幼儿5S管理高级研究班学习心得

"卓越的园长，信念坚定，知行合一，开拓创新，独树一帜。有梦想的人生，是充满了奋斗的人生。"这是参加五常法学习班后，聆听朱园长的主题讲座中记忆尤为深刻的一段话。它仿佛一股无形的力量在推动着我们阔步前行。如何做到卓越？我想：高效有序的五常法或许就是园所管理者走向卓越的有效途径之一。

一、初识五常法

2018年3月，在朱园长的带领下，作为工作室的成员，我很荣幸参加了为期6天的全国幼儿园5S管理高级研修班。五常法就是"常组织、常整顿、常清洁、常规范、常自律"。通过节约空间、时间、人人参与、人人有责，达到常自律的最高境界。通过5场主题报告的学习、4场教研讲座及现场4所知名园所的观摩，让我们对"五常"如何在行政管理、业务工作、后勤工作、环境布置、创新运用等方面有机渗透有了深入浅出的解读。

二、感受五常法

（一）五常法决胜在理念

1. 规划先行，扁平管理

朱园长的讲座《赢在管理，贵在执行》中提到，第一次做好，即规划先行的重要性。一所幼儿园，好的管理必须是建立在长远的规划基础上，让管理更具实效性和远见性。在做规划之前，必须是先了解国家对幼儿园中长期发展规划，要充分发挥好园长作为幼儿园改革与发展的带头人作用，担负起引领幼儿园和教师发展的重任。同时，要尊重教师的专业发展规律，激发教师自主成

第二章 脚踏实地

长的内在动力，以主人翁态度来关注幼儿园的发展。朱园长着重提到了扁平管理，即相对于"等级式"管理构架的一种管理模式。它较好地解决了等级式管理的层次重叠、冗员多、组织机构运转效率低下等弊端。在幼儿园中运用扁平管理的方式，会让工作更民主和公开，让员工各施其才、各尽其能。

在朱园长的讲座中，我感受到一种强大的领导力所带来的稳健与机遇，员工能在这样的单位里工作是多么幸福与自豪。在"人人为幼儿园，幼儿园为人人"的氛围中茁壮成长，成就着园所和个人坚实的当下与美好的未来。

2. 无为而治，管理境界

"孩子自主管理，老师就轻松了，老师自主管理，园长就轻松了。"

"孩子到幼儿园就是要生病，要摔打的。"

通过五洲幼儿园刘园长的"幼儿园管理的金钥匙"主题分享，让大家再次感受到无为而治对于幼儿园管理的重要性。其中，她提到了幼儿园的疑难杂症，就是意外事故。它具有多发生、影响大等一系列的问题，而五常法则可以以规范、直观的标准，当事人参与的方法，让幼儿园的管理更为高效、有序，能有效预防意外的发生。制度也切实要做到从上墙到入心，领导要变批评为承担，把管理真正做到因"问"而生，达到"人人自律、事事规范"的效果。在刘园长以思变开始的讲座中，我感受到一种细节之美，以五常法为基础建设的抓手，会让园所的长足发展更为稳健。

3. 精细的后勤，开放的思想

曲园长从后勤管理的5S运用中，让我们感受到她在后勤管理中的各种智慧。其中，五洲幼儿园的"贤厨巧手"这一做法，深受启发。家长通过各种入园协助，更好地达到了家园共育，也让幼儿园真正做到开放、民主、共建的目的。在学习中，我更深刻感受到后勤就是幼儿园的大后方，幼儿园的发展与变化与之息息相关。

4. 独立自主，成就儿童

管园长的"支持孩子走向独立"中，重点关注了如何体现幼儿的独立意志的重要性。以中国家长在日本的育儿体会为引子，关注儿童是有能力的学习者，支持幼儿成长的方式，强调学会放手，以信任的态度支持幼儿的成长，这正是幼儿园教育中应有的态度。

（二）五常法实现在行动

在三位业务园长和一位教研组长的讲座及教研现场活动中，让人深刻地感受到作为业务园长要真正从教师的所思、所想、所虑中发展教师的能力。

其一：吕园长在《5S背景下的幼儿园教研文化建设及教师专业成长新思路》中提到了5S与教研的实际运用。1S：常整理。对教师群体进行精确定位、分析，建立分层培训体系；2S：常组织。统筹安排，权力下放，人人有分工，大家齐参与；3S：常清洁。经常性的自我检视及调整，逐步达到自我完善；4S：常规范。锁定问题，行动研究，在不断实践中总结经验，规范行为准则；5S：常自律。形成规范性的行为准则后，鼓励教师自主发展，最终形成人人具有教研意识和研究领域的态势。这种细致入微、深情关注且懂得期待与善待的教研思想，让教师尝试自己解决问题，同时提供必要的专业支持。因为这是调动教师内驱力的根基。

其二：张园长和大家以五常法的角度去梳理区域环境创设中的基本原则，理解区域材料的基础、投放、存储原则，在教研实操中找到了设置的秘诀。而付园长通过五常法的实操方式，让大家重新投入到5S的各种切实的操作中，通过环境布置来诠释对5S的理解，注重在用途、色调、形状、图案上深入思考，感悟发展。

其三：在朱老师组织的儿童观察与研究方面，让我们看到了教研活动"鲜活的现场"，她带领大家走进了一个名叫"瑶瑶"的小朋友的世界，在歌德观察法的小路上发现孩子眼里的渴望。大家充分感受到，让孩子的"长板"更长的重要性。通过教研领域的聆听与实践过后，我们深切感受到发展教师内驱力是当务之急，而行政领导的耐心与毅力又是重中之重。

（三）五常法思想在流动

在学习的过程中，我们走访了教育、五洲和英利幼儿园。当置身于这些幼儿园时，我们仿佛行走在五常法生根、发芽、开花与结果的时光隧道里，感受到每一个园所独特的沉淀与芳香。

我园对于五常法的实践有了四年的探索，积淀了一些基础。但如何继续深入挖掘五常法在幼儿园各个方面的效能，将唐家湾文化与五常法紧密结合，将是我们下一步开展工作的重点。具体计划如下：

（1）保教队伍真合力，推动五常园所新发展。

（2）家园合作出新招，体现五常工作新成效。

（3）唐家湾文化与五常法相结合，实现本土资源新成就。

通过一周的学习，我深刻认识到朱园长所说的知行合一、信念坚定对园所发展的重要性，这也正是行政人员应该努力形成的优秀品质。我将带着五常法的思考与同事们携手共进，为让五常之花盛放在唐家湾中心幼儿园的每一个角落而努力！

［珠海高新技术产业开发区（唐家湾）中心幼儿园　陈敏敏］

当管理制度遇到5S
——参加朱小艳园长工作室5S管理培训心得

虽然知道5S管理已经很多年前了，但真正深入了解5S管理在幼儿园团队、幼儿园课程以及幼儿园环境中的运用还是第一次。带着一分好奇和一分期待，和跟岗的伙伴们一起在朱小艳园长工作室边听、边看、边学、边思。

5S源自日本，是指在生产现场中对人员、机器、材料、方法等生产要素进行有效的管理，这是日本企业一种独特的管理办法。因为这5个词日语中罗马拼音的第一个字母都是"S"，所以简称为5S，开展以整理、整顿、清扫、清洁和素养为内容的活动，称为5S活动。

5S提到的自律或是素养，是一个人修养的最好境界，也是管理的最高境界。老子说"无为而治"，也就是没有管理的管理才是王道。作为管理者，我们期待着每一名员工都兢兢业业、各司其职、奋发向上。可现实中，总有人按时上班，总有人上班迟到；总有人按时、按质完成工作，总有人做事拖拖拉拉；总有人教学活动组织得精彩纷呈，总有人连教学材料都准备得不充分；总有人忙得不可开交，总有人工作量不饱和，等等。

作为一所成立不到3年的新园，我园的管理制度还处于摸索阶段。如何借鉴5S的管理理念来调整管理制度？如何通过制度帮助员工们养成自我管理的素养？如何帮助每一位员工找到自我提升的方向？这是作为园长需要去思考与努力的方向。

一、常组织

子曰："不在其位，不谋其政。"意思是说，不在那个职位上，就不去考虑那个职位上的事。也可以理解为，我们应专注做好本岗位的工作，而不是园长指到哪里就打到哪里。因此，幼儿园的管理制度，要非常清晰地明确岗位职责和要求。我园属于"公办民管"的特殊办园模式，上级主管部门有多个，作为幼儿园管理层需要对接的单位较多。我们需要把每一个部门的工作事项、需要对接的单位、重点对接的时间点、主要负责人梳理成一份清单，明确工作重点，简化工作流程，提高工作效率。

二、常整顿

管理制度出台、工作职责明确后，如何才能行之有效地落实到位呢？我园将长篇大论的各项制度、职责简化成一份份的"流程图"。便于每一位工作人员能在最短的时间内了解自己的工作任务。园长、教学园长和后勤园长分部门到现场去观察每一个工作环节，并常常反思哪些部分需要进行调整。如教学部，主班老师、配班老师和保育老师的一日工作流程及相互之间配合的要求；如后勤部及保安工作，涉及指挥交通的要求、与家长沟通的要求、巡岗的要求等。

三、常清洁

管理制度是否合适，是否真正起到积极促进园所发展的作用，还要经常进行"清洁"——去掉不合适的，保留有效的。子曰："己所不欲，勿施于人。"当一个制度在施行时，作为管理者自己都觉得很不舒服了，就不要强迫员工去接受它。我园每一个学期都会开展"我爱我家——幼儿园管理建议大调查"，以真正了解一线员工的心声，听听他们更喜欢用什么方式来进行管理。

四、常规范

子曰："其身正，不令而行；其身不正，虽令不从。"每一个制度的实施，园领导都要做到带头践行。很多时候，破坏制度的往往是园长本人。如制度要求，上班时间手机刷屏的需要周末值班一天，园长发现有员工刷屏时，有时会说："这次就算了，下次注意！"如制度要求，教师活动室有人乱丢垃圾，就打扫两天卫生，园长又说："这次就算了，下次注意！"类似这样的管理方式在日常工作中屡见不鲜，在这个过程中就变成了园长在管理，而不是制度在管理，园长看似人性化，却变成了带头违反制度的人。因此，我们应该规范管理过程，学会承担责任。

五、常自律

"恭、宽、信、敏、惠"——恭则不侮，宽则得众，信则人任焉，敏则有功，惠则足以使人。在管理制度实施的过程中，只有不断地梳理制度，不断地反思制度，不断地提炼制度，并学会承担自己的责任，才能带领出一个自省、自律的优秀团队。

（珠海横琴镇中心幼儿园 胡亚敏）

不懈进取 更新理念

在新学期开学伊始，朱小艳园长就带领我们工作室成员们开始了"赢在管理，贵在坚持"的研讨活动。

朱小艳园长从教育幼儿园"让每个儿童拥有良好的人生开端"为话题展开了讲解。

作为幼儿园的一园之长，要有神圣的责任感和使命感，要有自己的价值观和主动发展意识；作为教育者、管理者和决策者，不仅需要有以人为本的管理模式、特色鲜明的办学思想、运筹决策的能力，更要有自觉学习的良好习惯、与时俱进的创新精神。

在幼儿园管理中，规划的制订十分重要和必要。对于刚成立的新园，可以拟定三年的规划；对于成熟幼儿园，可以拟定五年的规划。可以从各个层面人员的期望入手：对全体员工、家长、专家和社区人士进行职业规划或发展愿景的问卷调查——"你希望幼儿园五年后什么样？""你个人五年的发展"等，还可以进行个别谈话，从中了解和总结大家的愿景和发展需求，再通过下列四步：找问题、定目标、谋策略、拟规划，来拟定出本园的规划，再通过各层级组织来阅读和完善，最终形成符合大家愿景的幼儿园发展规划。

通过听取朱园长的讲解，我认识到在日常管理中要特别关注以下几点：每位教师都有其自身的优势和特点，在日常考核中尽量避免评选个人奖项，而以集体绩效的方式来进行奖励或表彰，在班级间以相互观摩的形式来提升每位教师的自我价值感和被认同感。在教师团队中，除了有人为设定的合作模式——级组、教研组之外，还可以大力倡导自然合作的模式——兴趣组、师徒带教等。以此发挥教师们的主观能动性和个性化的发展。

在幼儿教育方面，需要更新理念，注重培养自尊、自律和自主的幼儿。对于自律这个概念，我重新认识到：只要他人在替儿童管理他们自己的行为，儿童就不能学会调节自己的行为。因此，让幼儿学会自主管理——用自己的信念和理解来管理和指导自己的行为，显得尤为重要，这也是真正让孩子成为社会人的基础。

（珠海市香洲区五洲幼儿园　刘慧）

收获颇丰的跟岗心得

2018年3月26日至3月31日，我参加了在教育幼儿园、五洲分园及英利分园开展的为期一周的"全国幼儿园5S管理高级研修班"跟岗培训，这次培训工作组织机构健全，有周密严谨的课程安排，教学内容丰富，形式多样。聆听了不同形式和内容的专题讲座，使我茅塞顿开，对今后的工作更具有理论与实践的指导意义。

此次学习归来，收获满满，在此做以下回顾：

这次跟岗学习让我印象最深、受益最大的是教育幼儿园总园园长朱小艳的专题讲座——"让每一个儿童拥有良好的人生开端"。朱园长从五常法的起源、五常法的五大原则在管理上的诠释到作为领导者的园长法则以及园长进步的阶梯等方面，引领我们进入一个管理的新境界。

我深刻地感受到：作为领导者的园长在学校发展中可以发挥多方面的积极作用，但只有那些基于园长职位所发挥的并且是他人所无法替代的领导作用，才是园长应该给予最大关注的工作；同时，一位优秀的幼儿园园长身上应该具备理念清晰、率先垂范、积极进取的品质；而一个卓越的园长具备的优秀品质是：信念坚定、知行合一、开拓创新、独树一帜。

第二章 脚踏实地

朱园长在阐述"园长进步的阶梯"这一部分内容时，强调了规划先行的重要性：规划就像建一所幼儿园的图纸，没有规划就没有方向、没有目标，只有一个我们教职员工都认同的规划，大家才能心往一处想、劲往一处使。同时，园长也不会由于被琐碎事务所羁绊而忘记了幼儿园的发展目标；做规划实际上是建立共同的愿景，没有共同愿景，人们就犹如一盘散沙，很难形成气场，不易调动出内部动机，而愿景可唤醒全员的共识，启动全员能量，加强员工的向心力和参与感。

接下来就是"谁制订幼儿园发展规划"这个问题：一份完善、可行的发展规划是需要组织教职工、家长、专家、社区人士等多方力量参与制订。朱园长还以教育幼儿园的规划为实例，讲述了制订规划的全过程与方法：现状调查—问题分析—目标设计—行动策略，使我们更清晰地了解制订发展规划的步骤和过程。

在规划先行之后，朱园长还阐述了：单一是最好—扁平管理模式—年级组长负责制，并以教育幼儿园的年级组长负责制为例，毫无保留、直观、具体地传授级长负责制的内容、做法和细则，让学员们更深入地了解扁平管理在幼儿园管理中的优势：扁平管理方式能体现出管理的民主，主要表现在两个方面：第一，民主管理是增强员工凝聚力、主人翁意识的最佳手段；第二，民主管理给教职员工提供了充分展示的舞台，个人的才华得以施展，形成了"人人为幼儿园，幼儿园为人人"的命运共同体格局。

民主管理的理念是园长要充分信任自己的员工，相信他们一定能干好，相信他们一定比自己干得好。因为这样的管理模式不单是为了确保当前的保教质量，更是为了幼儿园长远发展和打造有造血功能的团队。扁平管理方式还能体现出管理的公开——信息公开是监督的最有力手段。幼儿园所做的决策，只要不涉及安全和保密原则的，均可公开，因为没有比公开更好的监督！

朱园长的这一段话我记忆犹新："我们园长要有耐心、要淡定，给老师的成长以空间和时间，教师在幼儿园享受到了成功的喜悦，将幼教当作自己的事业来经营，而非仅仅为了生存，员工的归属感是在自我成长的过程中建立起来的，是一种内化的凝聚力，而不是口头上的，更多的是体现在自己的行动中，这种归属感一旦建立起来是牢不可摧的。"我想：教育幼儿园今天的"人气"，正是朱园长一直以来坚持的民主、公开的管理方式凝聚起来的。

朱园长一个上午的主题报告既精彩又接地气，让人意犹未尽，使困惑与思想的碰撞得到有效的升华。

（珠海市平沙中心幼儿园　刘宇红）

朱园长工作室跟岗感悟

转眼间，走上园长这个岗位已经五年。同时，经过五年的发展，南屏镇中心幼儿园规模也迅速扩大，师资力量稳步增强，办学水平逐年提升，在家长、社区和领导心目中拥有一定的知名度和美誉度，在南湾片区打造出了"南屏中心幼"这一幼教品牌。在我们踏入第二个五年之际，朱园长的主题报告"让每个孩子拥有良好的人生开端"恰逢其时，在重新审视幼儿园新一轮规划中给了我非常多的启迪。

我首先梳理了幼儿园发展规划的几个要素的含义：

1. 何为幼儿园发展规划

幼儿园发展规划是指幼儿园根据国家或地区教育发展战略计划的要求，结合自身条件，对幼儿园未来三至五年内要达到的主要目标和发展路径（如幼儿园发展目标、发展规模与速度、组织结构、人力资源、办学条件和实施策略等方面）所做的安排。

幼儿园发展规划包括确定社区未来三至五年对幼儿园的需求，寻找幼儿园发展中存在的主要问题，展望幼儿园发展的前景和目标，提出实现这些目标优先需要解决的问题、办法、行动计划和措施。

2. 发展规划的几个相关要素

发展——是从一个较低的水平或地位提高到一个较高的水平或地位，这种提高可以是具体的也可以是抽象的。

规划——为了实现一个预定目标，步骤包括：制订方案、提出方法、改进程序设计等。

计划——为了达到一定的目标，对未来一定时期的活动所做的部署和安排。计划涉及做什么、什么时候做、什么地方做、谁来做、怎么做等相关问题。

第二章 脚踏实地

幼儿园发展——主要是指幼儿园在原有的基础上有所提升。从发展的具体内容看，包含软件和硬件的发展，软件发展有幼儿及教职工素质的提高、幼儿园形象提升、校园文化的打造、幼儿园品牌的树立。硬件发展有园舍环境打造、设备设施完善等；从发展的主体看，包括幼儿发展、教师发展、领导层发展；从发展的性质看，有渐进式和跨越式的发展；从发展的方式看，幼儿园发展包括规模和内涵发展。

我将整合本次所学，回到工作岗位后，重新审视我园的第二个五年规划，形成新的行动计划，进一步调整自己，继续带领好领导班子，团结好全体师生。我们要加满油、把稳舵、鼓足劲，齐心协力，夯实内部管理，推动幼儿园由高速增长转向高质量发展，从量的扩张转向质的提升，从"有没有"转向"好不好"，最终实现南屏中心幼特色发展、品牌发展的目标。

（珠海市南屏镇中心幼儿园　张维东）

阅读提升

　　"书中自有黄金屋，书中自有颜如玉。"书籍能够润泽我们的心灵，书籍能够影响我们的行动，浩瀚的书海弥漫着阵阵书香，书香的滋润让我们工作室的每一位成员都散发着独有的芳华。在2018年9月至2019年2月这6个月的时间里，工作室主持人朱小艳园长带领大家分别走进教育幼儿园、唐家湾中心镇幼儿园、五洲幼儿园、横琴中心幼儿园等园所，开始了一场别开生面的读书品书之旅。园长学员们时而抛出问题引发思考，时而引领大家阅读精彩语段，时而将书中的内容与实际案例结合进行详细解读，时而……秋去冬来，时至春花烂漫，园长学员们在这场读书文化之旅中沉下心来，细细品味着《0—8岁儿童纪律教育》这本书的深刻韵味，学员们的心灵在一个个"热烈时刻"中相互碰撞，大家且读且思、且思且行，在这样一个温馨和谐、交流互学的平台中享受着读书的乐趣，体味着团队的幸福。下面，就让我们再次去领略那些精彩而灵动的读书现场吧！

读书分享会之"何为纪律教育"

　　2018年9月21日，星期五上午9：00，朱小艳市园长工作室成员在英利教育幼儿园的会议室展开了《0—8岁儿童纪律教育》读书分享会。这次的读书分享会主要是由朱小艳园长工作室成员：张维东园长来主持《0—8岁儿童纪律教育》第一部分的前三章读书分享。

　　本次读书分享会共有以下三方面内容：

　　1. 对指导和纪律教育的思考。

　　2. 生理发展与情感发展对儿童行为的影响。

　　3. 智力发展和社会性发展对纪律教育的影响。

"何为纪律教育"这一话题将分享会拉开了帷幕，园长工作室的园长及在场的一线教师们纷纷结合自身的带班教学经验为此展开了热烈的探讨。

第一次读书会现场

走进纪律教育

所谓"没有规矩，不成方圆"，任何一位教师或家长，在与孩子相处的过程中，纪律教育都是她们最关心的，无论是幼儿园教育还是家庭教育，纪律教育都起着尤为重要的作用。《0—8岁儿童纪律教育》的第一章"对指导和纪律教育的思考"将纪律教育定义为一种在提高自尊的同时教授自主和自律的方法，第二章"生理发展与情感发展对儿童行为的影响"和第三章"智力发展和社会性发展对纪律教育的影响"考察了儿童的生理、情感、智力与社会性发展的阶段，这些阶段与纪律问题和解决方法密切相关。

在阅读本书的第一、二、三章中的一些思想引起我的共鸣，正是这样的想法，吸引我一直看下去，其中有些分析令我印象深刻，甚至汗颜！

首先，什么是纪律教育？一直以来，大家认为纪律教育就是根据需要而制订的行为规范，而对象是要严格执行的，比如，班级的常规通常都是由老师制订，而要求幼儿执行的，我们只是利用规则来管理幼儿。但是，纪律教育应该是引导，而不是控制，因而，纪律教育应该是帮助儿童学习为自己的行为负责并能自己判断正误，因此，我们首先要明白，纪律教育的目标是什么？因为无论如何，只要是教育儿童，你就必须首先清楚自己的长期目标是什么？没有长期目标，就好比一场没有目的地的旅行。

其次，惩罚手段是否长期有效？有些父母和老师坚持使用惩罚手段的首要原因之一是：惩罚有效——短期有效。惩罚通常会立即制止不良行为，但问题在于成年人不了解惩罚的长期效果。受到惩罚的孩子不可能会想：噢，谢谢你，这对我太有帮助了。我几乎都等不及让你帮我解决所有问题了。相反，他们想的是反叛，或者以严重地丧失自我为代价而屈从。而成年人使用惩罚手段的另外一些原因是，他们担心不惩罚就只能骄纵孩子，他们害怕对孩子失去控制，害怕没有尽到作为家长和老师的责任。而且，惩罚很容易，你根本不需要告诉大人怎样惩罚孩子，他们便无师自通。惩罚常常是一种"反应性"的回应，但要采用有效地教导方式，则需要努力、需要学习技巧。成年人使用惩罚——尽管它并没有长期效果的最后一个原因是，他们不知道还能怎么办。其实，代替惩罚而且有效地管教是有其标准的，通过管教，我们能够教给孩子社会技能和生活技能。

皮亚杰在其代表作《儿童的道德判断》中提出一个概念，这个概念就是道德自主，把人们探讨已久却知之甚少的自律称为道德自主，也就是帮助孩子用自己的信念和理解来管理和指导自己的行为，道德上自主的人对他人友好是由于觉得自己应该尊重他人，与之相反的就是道德他律，即自己受他人的管理或控制。一个他律的人只有在行为会得到奖励或如果不这么做就会被发现并因此受到惩罚时，才会对他人表示友好，因此一个没有道德自主性的人，在没有受到外部控制时，其行为就有可能不负责任，如有网瘾的孩子，当他们独自一人的时候，根本没有办法控制自己，只有当他人在场时，才体验到控制，他们依赖于奖励或惩罚他们行为的外部判断，一旦脱离约束或管制，就无法控制自己，摆脱网瘾。而形成道德自主的人，你就影响了他们的行为，即使是错误的行为不可能被发现，自主的人不需要监督也能正确行事，即便是独自一人时，他们也从不背弃道德。

当教师了解儿童的发展并将他们的期望与每个儿童能轻松做到的事相匹配时，教师的工作会变得更快乐，同时他们也会拥有更善于合作的学生。

（珠海市平沙中心幼儿园　刘宇红）

读书分享之"环境课程行为"

2018年9月30日上午9时，大家如约来到珠海市香洲教育幼儿园，共同开启朱小艳园长工作室第二次读书分享会的美好时光。参加这次活动的除了工作室成员以外，还有朱小艳广东省名园长工作室及唐雪梅名师工作室的12位成员。

今天读书会的主题为《0—8岁儿童纪律教育》第二部分：纪律教育的方法。由珠海高新技术产业开发区（唐家湾）中心幼儿园的陈敏敏园长担任主持人，与大家共读第四到六章的内容。而陈园长首先向老师们发出了几个约定，其中"让思绪飞一会儿""热烈时刻"让在场的嘉宾会心一笑，大家同为思考创设一片自由、想象的空间。

纪律教育的方法

纪律教育的长期培养目标是培养幼儿的自尊和自主，一个让幼儿有掌控感的教室，才能真正激发幼儿的主动性学习。因此在教室里，老师应该把教室管理的主动权还给幼儿，引导幼儿在逐步学会自我管理，而不只是通过各种限制来管理幼儿。

《0—8岁儿童纪律教育》这本书中的第二部分"纪律教育的方法"中，给了我们很多的启迪。

一、创设能预防纪律教育的环境

蒙台梭利认为，环境是教室的"另一位老师"，环境的合理创设不仅影响着教室里每一个幼儿的主动性、幸福感，还是避免纪律问题的工具。老师在创设班级环境时，除了考虑安全、空间大小、材料种类等问题外，还要创造机会，让幼儿加入在班级环境创设中来，幼儿和老师一起商量并决定班级的区域、区域的摆放、区域材料可以有哪些、作品如何布置、布置在哪个位置等。

当幼儿对环境拥有主动权时，他就有了安全感和掌控感，他自然而然会想"我可以为班级环境创设做哪些贡献"，而不是用一些破坏性的行为来影响班级活动。

二、设计能预防纪律问题的课程

幼儿的不适宜行为常常是因为不适宜的课程导致的，当课程目标和教育方法适合幼儿发展时，幼儿在幼儿园的学习生活会更加积极主动。我园的AH—HA课程以皮亚杰的建构主义理论、维果茨基的最近发展区理论为基础，融合瑞吉欧方案教学、项目教学、高瞻课程三大课程模式，关注幼儿的主动学习，幼儿每天都在计划—工作—回顾和提出问题—探究问题—解决问题的过程中，了解自我，走近社会，亲近自然。

三、通过有效的交流来进行纪律教育

在教室里，经常会发生幼儿对老师的话完全不听，作为成人，我们应该进行反思。我们在和孩子交流时，是否真正地尊重他们，我们是否能听到幼儿的声音，是否了解幼儿的需求，从而给到幼儿最需要的支持，使得他们在教室里生活得更加自在。

每个幼儿每天都有很多属于自己的想法，每天都处于主导位置的老师，如果只知道要求幼儿跟着老师一个环节一个环节地走，如果那些被"落在环节以外"的孩子经常被扣上"拖沓""调皮""神州自由行"等各种称呼；如果老师真正地尊重幼儿，一定会考虑到幼儿行为背后的真正想法——"为什么不参加大组活动？""为什么不吃青菜？""为什么今天要打人？"等。因为有一位老师能真正地了解并尊重自己的意愿，并给予情感上的支持，对于幼儿来说是一件无比幸福的事情。

四、帮助幼儿理解并接受限制

在教室里，如果预防、示范、倾听以及问题解决都不能帮助幼儿解决纪律问题，可以使用自然后果，让幼儿体验自己的行为带来的后果，他们可以从自然后果中得到学习，因为后果立刻且直接与行为相关联。如不吃午餐或水果，他们会饿；冬天时，如果不穿外套，他们会冷等；如果老师每天在吃饭时间，总是要求孩子要吃多少，孩子就会想办法激怒老师或是吃得很慢。反之，幼儿就会通过多次尝试后清楚到自己需要吃多少，从而学会照顾自己。

（珠海市横琴中心幼儿园　胡亚敏）

第二次读书会现场

<h1 align="center">读书分享之"尊重孩子　有效交流"</h1>

2018年10月29日，我们跟随朱园长的步伐，一行人来到平沙中心幼儿园。此次活动中，为我们进行纪律教育第三次读书会分享的指导老师是宇红园长。

<h2 align="center">沟通，从心出发</h2>

回忆起第三次读书分享会，记忆最为深刻的是这次的主持人——刘宇红园长通过捕捉幼儿在园生活的片段，让大家就实际情况进行了分析，通过如何用恰当的话语来分析和沟通，达到良好的效果这一命题，让我们深切感受到"我的信息"在表达需要时的重要性。

一、在沟通中，要注意"我的信息"的有效性

1. 表达的前提是听你说话的人确实关心你的感受。

2. 表达有效性，需要表达的是对某个孩子正在做的事情的感受，从不批

评、不指责儿童，让他们自己解决问题。

二、在沟通中，要注意沟通中的三个关键点

（1）具体说明不能接受的行为。

（2）表达你的感受。

（3）这个行为对你的影响。

表达清楚以上三点后，谈话就要到此为止，不再过多去强调相关的事宜，这就是与幼儿沟通的艺术。

三、在沟通中，容易出现的交流障碍及应对方法

纪律教育书中提到，也许曾经听你的父母或老师说过这些话中的某几句，也许他们根本不记得自己说过这些话，但是对你的影响可能会持续很久。别人也许会很吃惊地得知这些话会对你的行为有消极影响。这些成人在自己和他们想要与之交流的孩子们之间筑起了一道墙，交流的知识能戏剧性地改变人际关系。可以用来改善婚姻、友谊或同事关系的类似交流策略，也可以用来促进成人与儿童的关系。孩子是敏感的、害羞的，如果他感觉到不适，就会把自己"藏"起来，因此，师幼互动中要注意以下几点：

1. 尽量和孩子多说

与孩子说话，应不放过任何机会，随时进行。只要和孩子在一起，就要尽量和孩子多说话，孩子需要老师和家长的关心。

2. 激发孩子说话的兴趣

良好的交流应该是双向的。老师应注意培养孩子说话的兴趣，尤其是对那些沉默寡言的孩子，更要想办法激发其说话，可找一些孩子喜爱的玩具，同孩子一道玩，边玩边与孩子交谈。交谈时，应多找一些孩子感兴趣的话题，还可以找几幅图片给孩子看，看后让孩子讲给老师听，引发孩子积极思考、大胆想象。平时要引导孩子多观察，这样一来，孩子的话才能逐步多起来。

3. 不打断孩子的话

当孩子说话时，不可轻易地打断孩子的话，要耐心地、尽可能地让孩子把话说完。孩子想说得多是自己的要求或感受多，尤其是他们感到好玩的或害怕的事，但老师往往忽视这类问题，不注意听完孩子所说的话。如果经常这样，就会挫伤孩子说话的积极性。

4. 允许孩子申辩

有的老师喜欢那种俯首帖耳"听话"的孩子——老师怎么讲，孩子就怎么做。一旦发现孩子做错了，就会不分青红皂白地训斥孩子，不允许孩子申辩。这样不但不能使孩子心服口服，还会使孩子滋长一种抵触情绪，为说谎、推脱责任埋下祸根。孩子申辩本身是一次有条理地使用语言的过程，也是与大人交流的过程。如果老师能有意识地找一些问题来与孩子辩论，孩子的思维能力和口语表达能力都可以得到很好的训练。

5. 多赞美，少批评

恰到好处的赞美是父母与孩子沟通的兴奋剂、润滑剂。家长对孩子每时每刻的了解、欣赏、赞美、鼓励会增强孩子的自尊、自信。

沟通，从心出发。要尊重幼儿的想法，进行恰当的交流，从了解幼儿的想法做起。在此，就让我们为成为一位合格的倾听者及沟通者而努力吧！

[珠海高新技术开发区（唐家湾）中心幼儿园　陈敏敏]

第三次读书会现场

读书分享之"读懂孩子　看见成长"

前几次的读书分享会让我们意识到，儿童纪律问题的背后往往有错综复杂的原因，如果没有有效地应对策略，就很难找出问题的根源，也就很难进行有效的引导。

在11月15日的读书分享中，刘慧园长从医生视角出发，带着"珠海市朱小艳园长工作室"的成员们一起当一回"儿童行为医生"，通过"望闻问切"的方式来探究儿童行为背后的原因。

接纳儿童的幼稚　关爱儿童的需要

2018年11月15日，五洲教育幼儿园的读书分享会如期而至。

在刘园长的分享中，我们首先感受到：一位师者原来也可以从"医者"的角度去关爱和帮助"生病"的孩子。

一、接纳儿童的幼稚行为

每一个儿童都非常聪明，他们说的话和做的事都有一定的目的。成人需要做一个侦探，了解并研究儿童，才能真正触及儿童的内心，真正满足儿童的需求，这样儿童才能健康成长。

书中提到不成熟的意思是没有完全长大，因此，幼小也意味着不成熟。幼小往往是问题的原因所在，孩子越小，这种情况越明显。作为教育工作者，我们了解了不成熟行为所带来的问题，就可以找到更多解决这些问题的方法。

幼儿由于身体的不成熟，导致的行为多种多样，如缺乏注意力的集中，因大肌肉的控制以及观点采择能力等发展的原因所导致的碰撞等一系列的问题。作为教师必须放弃让儿童久坐并长时间地保持安静，要根据身体活动的水平来分析教师以及教学计划；在协调能力不成熟中分析发生这一行为的原因；在沟通能力不成熟中说到了导致幼儿踢人或咬人等行为的原因；在情绪调节能力发展不足说到哭闹、情绪控制不完善的原因；在未充分发展的社会技能中谈到幼儿之所以未能如成人期望值一样会"分享"的原因以及自私或以自我为中心中提到了幼儿就是天生的利己主义者；在智力发展不成熟中提到了偷窃、作弊等行为与幼儿的幼稚原因是如此息息相关。

通过书中的分析，我们认识了幼儿的幼稚行为。同时，也共同学习了如何进行幼儿幼稚行为的引导，与家庭一起帮助幼儿行为的逐步发展。因此，只有了解孩子的心，才能给他们最好的爱。我们总是竭力为儿童创造丰富的物质条件，尽可能满足他们在衣食住行上的要求，我们认为他们应该感到足够的幸福。但事实是——我们的孩子总是会哭泣、会生气，会对你大喊大叫，但这不应该怪儿童，其实这正是我们的失职之处。

二、理解儿童的需要

在工作中，我们时常会发现：如果孩子的合理情感需要得到充分的满足，身心将获得健康而和谐的发展；若得不到满足，则会产生心理上的动机冲突，产生压力和挫折感。对孩子来说，老师及时、细致、信任、鼓励的情感应答十分有利于他们的成长。作为一位幼教工作者，在教学过程中，要善于观察、了解幼儿，应为他们创造条件，尽量满足其各种合理的需要，从而促进幼儿全面而和谐的发展。通过读书会的学习，梳理出以下几个方面的问题：

1. 依恋情感的需要

教师对幼儿热爱、关心是幼儿发展的动力，会使幼儿产生安全感，心情愉快，行为积极性高。特别是刚进入幼儿园的孩子，对父母的依恋转为对教师的依恋，期望得到教师的关注、爱护，幼儿对事物的认识比较直观，他们往往通过教师对自己的行为来感受到教师的关爱。如幼儿说："老师喜欢我，睡觉的时候，老师总是摸我的头。"教师要充分了解这一时期幼儿的心理特点，根据每个幼儿不同的特点和表现采取不同的方法。如对恋母的孩子，教师可以去抱抱他（她），跟他（她）说说话，和他（她）一起做游戏，让他（她）体会到老师是喜欢自己的，感受到教师的爱和妈妈一样，使之情感上得到满足。因此，老师要主动走近幼儿，通过"亲一亲""摸一摸""抱一抱"等方式，拉近与孩子的心理距离，与孩子建立融洽和谐的依恋情感。

2. 心理安全的需要

幼儿需要有一种安全感，渴望得到成人的保护，免受生理和心理上的伤害。他们希望幼儿园可以像自己家里那样温馨，也希望老师像妈妈一样可以跟他们一起游戏、玩耍、说说悄悄话。所以，我们应该给幼儿创造一个温馨舒适的活动环境。如可以将"娃娃家"等活动区域模拟家庭布置，让孩子一边围坐在教师身边，一边一起看电视、听故事。此外，还可以根据孩子不同的性格、兴趣等进行分组活动，让性格开朗的孩子帮助、带动性格内向的孩子一起游戏，有意识地安排他们坐在一起，使性格内向的孩子也能在最短的时间找到朋友。

3. 独立自主的需要

幼儿正处于独立性萌芽时期，有一定的独立自主意识，幼儿的自主独立的需要能获得充分满足，有助于培养幼儿的主体意识，增强自信心，促进健全自我意识的发展。我们要为幼儿创造合适的条件，让幼儿随心所欲地做一些自己能做的事。要给幼儿敢于表现自己和尝试的机会。多留一些空间给幼儿，给他们创造探索的机会，尽量满足他们的自主需要。

4. 交往的需要

孩子希望与他人交往，希望找到朋友，希望得到老师及同伴的关心和爱护，与同伴融洽相处。在一日生活中，教师应有意识地培养幼儿与同伴友好交往的能力，为幼儿创造友好交往的环境。要善于抓住孩子的闪光点，对于幼儿交往中出现的好事例，教师要给予及时表扬、鼓励，也可用情景表演的形式将其重现，让幼儿模仿学习。可以先从一些简单的集体活动开始，给幼儿创造共同游戏的机会，体会交往的乐趣。

5. 肯定及尊重的需要

孩子更希望得到别人的理解、尊重和肯定。在生活和交往中，孩子如果经常遭受打击、伤害、嘲笑，就容易产生失落感、压抑感，从而失去自尊、缺乏自信。因此，一个善意的微笑、一次小小鼓励、一个轻轻地拥抱都能让幼儿体验到无限的温暖。

6. 接纳有特殊需要的儿童

普通教室里会有一些有特殊需要的儿童，他们体现了另一种多样性。教师的榜样作用能有助于儿童克服对差异的恐惧，当老师关注的是儿童而不是儿童的残障时，就更容易把有特殊需要的儿童纳入集体活动中。可以帮助某个孩子特殊的需要，让其感到舒适自然。然后，幼儿就会把这个孩子当作一个正常人来看待。有特殊需要的儿童常常由于他们的不同而遭到同伴的拒绝，敏感的教师能够通过带头接纳和尊重所有孩子的长处来化解这一问题。儿童一天中很大一部分时间都在学校中度过，他们需要在学校里找到朋友、获得成功和得到认可。教师有责任确保班集体成员不因残障问题而排斥任何成员。

在这次分享会中，刘园长精心设计的每一个环节和层层解剖的学习引领，让我深切感受到读书活动的无穷魅力，理解到接纳儿童的幼稚及关爱儿的需要是一件如此美妙的事情。

［珠海高新技术开发区（唐家湾）中心幼儿园　陈敏敏］

读书分享之"乐读　修身　谨行"

2018年11月30日，第三期朱小艳园长工作室的幼教同行们齐聚珠海市横琴中心幼儿园，共同研读《0—8岁儿童纪律教育》第十四章"压力和弱势"及第十五章"分析纪律问题"。

体验情感　看见需要

时间来到了2018年的年底，在温暖的冬日阳光下，我们相聚在横琴镇中心幼，由胡园长带领大家进行《0—8岁儿童纪律教育》一书最后两个章节的学习，也将为整个读书分享活动画上一个圆满的句号。

胡园长首先带领大家以找朋友的游戏开始，进行分组、起名、选组长，以便顺利开展后续的分组讨论和发言。

本次分享第十四章"压力和弱势"，旨在让我们通过书中推荐的方法来支持哪些在生活中经历过不幸的儿童。通过对美国和我国在童年遭受过伤害的调查中我们可以看到惊人的数据：中国16岁以下有74.8%的孩子遭受过不同形式的虐待。

在分享活动中，胡园长让每个成员在纸上写出孩子在幼年时期可能会受到的伤害。通过书写、归类、统计、分析，孩子经常会暴露在各种暴力阴影下，遭受来自父母、长辈、兄弟姊妹、同伴、同学及社会上的人员在身体和情感方面的多种虐待。现在父母工作忙，许多孩子由爷爷奶奶或姥姥姥爷带，一些老人在"棍棒底下出孝子"的信条和旧的教育理念下，使打骂成为家常便饭。而且，有的家长和老师会找各种理由来解释自己的行为是为了孩子好。

通过学习，我对虐待的概念有了新的认知：疏于照顾和忽视儿童对关注的需要，让孩子处于无人照看的状态也是一种虐待。这种情况很多，但是人们并没有认为这种行为能构成虐待。

在社会中，经历遗弃和分居的孩子也比较多见。在高离婚率、父母外出打工的形势下，据不完全统计，我国现有留守儿童90多万，有36万儿童处于无人监管的状态。短期的寄养和看管在社会中也比较多见，孩子在这些状况下就容易暴露在暴力的阴影下，极易遭受身体和情感虐待。家境在同班孩子中偏于贫困也会对孩子带来伤害。

在分享学习中，大家分四组讨论各自话题的支持策略。我们组就经历父母离婚的孩子所呈现的各种表现进行分析并提供支持策略。

1. 分析原因

（1）缺乏安全依恋，害怕被遗弃。

（2）缺乏与父亲共处的机会。

（3）缺少成人的帮助和正确引导。

2. 策略

（1）母亲要每天保证有与孩子单独相处的时间，提供支持和安全感。

（2）与父亲沟通，取得支持。

（3）教师以积极而中立的身份介入，与父母沟通时，要传递孩子的心声。

根据马斯洛的需要层次论，生理需求满足后就是安全感的需要。我们一起分析了没有安全感和有安全感人的表现。

儿童的安全感重要的是：不管自己做与不做，孩子都会感受到被爱和被需要。而不是孩子听话和表现好，我们才去关注他，去爱他。

对孩子情感的支持来自稳定的有温度的成人去倾听、理解、同理和接纳孩子。

胡园长带领大家进行情景表演和案例分析：幼儿园体检，一个孩子大哭大闹不肯扎手指，请尝试进行积极的情感支持。

通过体验，我们深刻感受到：当孩子得到积极的情感支持后，心理感受会有一个显著的改善，其认知也会有一个跨越性的转变。

我们通过对本书的学习，重要的是关注儿童发展的长期目标：分析其原因。大家分组再次通过案例分析对全书的观点进行梳理、研讨，将问题的原因与解决办法相匹配。

整本书的分享活动结束了，通过分享阅读，我对儿童纪律教育的方法有了全新的认知。但如何将理论和知识与实际相结合则需在今后的工作中不断去摸索和实践。"书山有路勤为径"——只有勤读书、勤研讨、勤反思，才能不断提升我们的认知。

（珠海市香洲区五洲幼儿园　刘慧）

读书分享会集体照

当"园本"遇上"课程"

这是一次充满挑战和机遇的教育旅程，
这是一次关于课程园本化的实践与研究。
这是一次凝聚课程改革力量的攻坚战役，
梦想，探索，发现，革新。
在这之前，一切悄悄萌动，
在这之后，一切即将蜕变。

和煦春风惹人醉，暖心交流共成长。自广东省名园长工作室和珠海市园长工作室成立以来，在工作室主持人朱小艳园长的带领下，工作室的成员们一次次相聚在一起，围绕如何建构幼儿园园本课程开展了一系列富有成效的研讨活动，学员们从课程建构的理论、鲜活的现场等方面进行了深入有效的分享与交流，大家在积极、热烈的互动与碰撞中相互学习、共同成长。园本课程的研究不仅助力了成员们园所的发展，那一幕幕暖心的交流画面，至今还犹如一股甘泉滋润着每一位成员的心田……

赴珠海市横琴中心幼儿园研讨

赴珠海市唐家湾中心幼儿园研讨

园本课程解读

关于园本课程的思考

园本课程既是一所幼儿园的门面，又是一所幼儿园的灵魂。作为一名园长，我们经常都会思考这些问题：

（1）怎样构建园本课程？

（2）什么样的园本课程才别具一格？

（3）我的园本课程是不是不够系统、不够科学，缺乏理论支撑？

（4）我的园本课程是否具有传承性和说服力？

（5）一个孩子身上呈现出来的学习过程是不是所有孩子身上都会呈现？

在工作室的研讨中，我们发现园本课程所要体现的不是"课程"，而是"园本"，也就是我们的独特性。独特性的来源就是我们的孩子、老师、园所环境、当地的社会背景。所以，园本课程是基于本园现实的环境和条件为背景，以幼儿现实的需要为出发点，挖掘幼儿身边的课程资源而建构的一种课程。我们要建构的是微观的、现场的、具体的，在儿童学习发展知识在园本课程的建构中，教师既是课程开发者，又是课程实施者，同时也是课程评价者。

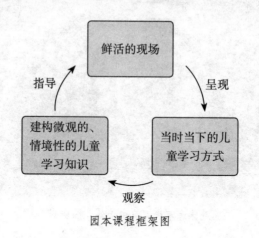

园本课程框架图

搭建"园本"与"鲜活"之桥

——浅谈关于园本课程的思考与实践

在朱园长工作室的学习中，第一年的重点就是园本课程的探索。通过教研现场的思想碰撞，我们了解到一个好的园本课程一定是自下而上的，是为孩子们所喜爱，且为老师们的工作所实用的。通过关于园本与鲜活的思考，我们在实践中尝试搭建两者之间的桥梁。

一、思考"园本"

首先，我们要思考的是：什么是园本？什么是课程？

园本即本园，立足于本园实际，体现本园特色，是符合本园的社会文化背景的，并且应该是由本园教师进行，以促进本园孩子的发展为目标，解决的是本园教育教学中的实际问题。而课程是一个很大的范畴，这里我们所指的课程是狭义的课程，是专指学校教育中的课程。课程是包括课程目标、课程内容、课程评价等在内的非常复杂和系统化的概念，而非只是有几个教学活动内容就行了。

其次，我们在思考的是：为什么要开发园本课程？开发园本课程的最终目标是提高课程质量，促进幼儿与教师的全面发展。

最后我们思考的问题是：我们幼儿园要开发什么样的园本课程？

二、走近"园本"

1. 挖掘唐家湾本土文化资源，开发具有唐家湾特色的园本课程

随着课程的生活化、本土化、游戏化的不断深入，我园以法律法规及相关政策为指导，立足于本园实际，符合本园办园理念，融合本园所在地——唐家湾的地方历史文化，将园本课程与教学实践相结合，在原有研究的基础上，充分挖掘唐家湾本土文化资源，从而开发出具有唐家湾特色的园本课程。

2. 在园本课程开发的过程中，要了解幼儿园的实际情况

充分挖掘幼儿身边的资源，与幼儿的生活相联系，我园通过开展唐家湾茶果文化活动、唐家湾民间游戏等活动，从多角度实施，激发幼儿的探索兴趣；了解我园教师对课程的掌握程度，带动教师集体教研学习。所以，课程的开发是师幼共同建构的过程。

3. 借鉴整合课程指导教材

我们将整合课程作为幼儿园的主教材，其理念是多元智能并全面发展，在此基础上梳理五大领域的关键经验，用整合教学的方式，科学地组织并融合各领域的教育内容和主题教学内容，既兼顾各领域知识系统性，又使其在主题内容中相互关联、相互渗透。

在具体开展时，从不同角度促进幼儿情感、态度、能力、知识、技能等方面的发展，建构相对完整的、有价值的生活经验；同时，以早期阅读《幸福的种子》、安全教育《冲动驼和淡定驼》等教材为补充，在教研组讨论的基础上进行整合和取舍，制订了一份预设的计划，以主题的形式呈现。具体的活动内容教师可根据目标和幼儿的实际需要灵活选择，也通过生成活动等不断完善课程资源。

4. 把握课程的核心概念

把握课程的三个核心概念：儿童本位、教师本位、课程本位。在课程目标中要提高课程质量，让幼儿、教师在教育情境中形成自己的经验，要将园本课程的目标与教材目标、领域目标进行有机整合，以儿童为中心，让幼儿在快乐的童年生活中获得有益于身心发展的经验，让教师在学习中提升教研能力。

三、搭建"园本"，营造"鲜活"

正所谓"一日活动皆课程"，课程就是幼儿在幼儿园的一切活动，所以要在园本和课程中搭建桥梁，营造鲜活的现场，并且要从幼儿的经验出发，追随幼儿的生活，将园本课程与幼儿一日生活相融合。

1. 拓展教育内容，突显以幼儿为本，将园本课程与幼儿一日生活相融合

将本土文化与幼儿生活结合，我们在进行园本课程建设时，将唐家湾文化课程渗透到幼儿的一日生活中，以幼儿和教师现有的生活经验为依托，通过搜集家长资源与社区资源，逐步拓展和开发相应的唐家湾文化课程，这是我园开发园本课程的首要内容。

同时，注重幼儿在活动过程中亲身参与。我们幼儿园尊重幼儿鲜活现场，设计了由幼儿兴趣引发而来的茶果文化活动，结合了幼儿现有的经验，运用了本土资源的优势，整合成课程和课题的研究，让幼儿在这里成长和发展，独立思考和自我体验。通过开展唐家湾茶果文化园本课程，从赏茶果、品茶果到做茶果这两个阶段中，为幼儿创设社会交往的情景，如以全园混龄做茶果的方式，让小孩子在大孩子的带动下，一同制作茶果。

通过一年的实践，幼儿基本了解唐家湾的茶果文化，并且幼儿的分享、合作、欣赏，助人等亲社会能力得以提高。我们注重教育中的理论与实践有机结合，在这种生动有趣的活动形式下的教学内容向幼儿带来了一个全新的体验，从而极大地激发了幼儿的学习兴趣，拓展了学习途径，发展了学习能力。

将园本课程与幼儿一日生活相融合，对激发兴趣、自主建构、快乐学习起到了很重要的作用，让教学内容得以拓宽与发展，并赋予它新的生命力与活力，使园本课程中的教育教学鲜活起来。

2. 观察并顺应幼儿在一日生活中的需要和兴趣点，生成主题

"教育即生活"，我们要鼓励幼儿在生活过程中主动探索和发现，同时要求教师也要在现实生活中积极观察幼儿，通过学习实践，我园教师不断寻找规律，抓住教育契机。

比如：下雨天时，蜗牛频繁出没在幼儿的视线中，他们对探索蜗牛之旅十分向往，于是我们及时生成了与蜗牛相关的活动，幼儿通过寻找蜗牛常常出没的地方，了解到蜗牛喜欢生活在潮湿的地方；通过用放大镜观察蜗牛，来进行绘画，了解到蜗牛的特征等。

再比如：台风天气时，放假回来后幼儿都在与同伴、老师讨论自己对于台风的各种所见所闻所想——"我发现了大树被风吹倒啦！""老师，为什么台风叫山竹？""刮台风时，我们在家里没有出去，妈妈说走在外面会有危险的！"根据幼儿感兴趣的一系列讨论内容，我园教师开展了关于主题生成的研讨会，并根据本班幼儿的不同兴趣点生成台风主题。

由此可见，在生活中抓住教育契机，及时根据幼儿需要与兴趣点生成主题活动，在课程研究中是十分重要的。

3. 运用有效的观察方法，观察、记录与研究幼儿自主游戏活动

在我园开展的区域自主游戏活动中，"如何做到有效观察和适时介入""如何培养幼儿在自主性游戏中的创造性""如何在幼儿最近发展区中进行有效的鹰架式教学"等存在许多难点的问题，我园教师通过专业学习与提升，对营造鲜活的现场进行深入了解与实践，同时，对于儿童观察与研究也有了进一步的认识。

我园开展了《新西兰学习故事》《海森高儿童发展评价量表》《0—8岁儿童纪律教育》的系列培训学习。同时，认真领会《幼儿园教育指导纲要》《3—6岁儿童学习与发展指南》学习精神，充分认识到幼儿自主性游戏的重要性以及教师在幼儿自主游戏中做好观察记录和适时指导的必要性。

首先，班级创设宽松和谐的游戏环境，实现区域自主游戏的观察和指导。在区域自主游戏活动中，幼儿通过与环境、材料的互动来进行探索和学习，教师通过环境的创设实施隐性指导。老师们在班级较好地利用空间、区域、角落等创设宽松自由的游戏环境，提供大量的丰富的可操作材料，使幼儿能够充分自主地进行游戏活动。并通过开展班级环境观摩评比活动，进行有效的学习与提升。

其次，重视区域自主游戏活动的观察与记录。我园教师利用照片、观察记录表或文字对幼儿在游戏中的表现进行每周一篇的白描式记录，客观、全面地了解和评价幼儿。

教师们采用自己设计的记录表进行记录，记录过程中注意客观：对每个幼儿进行非判断性的观察，只记录事实。即使是最不起眼的细节也不能忽视，且进行如实记录；使用直接引语，观察者细心聆听幼儿，并记录幼儿的原话。

如教师记录：在建构区中，启柏拿起小飞机，嘴角上扬，说着："我的飞机会飞，咻，咻……"旁边有小朋友拿着小车子也在进行飞的动作。启柏皱着眉头对旁边的小朋友说（声音上扬）："你的不能飞！"旁边的小朋友看了他，没有说话，继续工作，启柏对着小朋友重复说了四次："你的不能飞，我的才可以飞！"并伸出脚对着玩具虚空踢了一下，然后继续玩自己的飞机。通过对幼儿的观察与记录，回到客观现场，使用纲要、指南与量表作为评价工具，更有效地抓住教育契机，发现"哇"时刻，并给予其支持与指导。

最后，通过学习《新西兰学习故事》，我们也理解到：儿童并不是一张"白纸"，而是有能力、有自信的学习者和沟通者，教育儿童意味着要尽其所能和用各种可能的方法来赋予每一个儿童以力量。因此，教育不是要改造儿童，而是要赋予儿童力量。我园教师使用新西兰学习故事，作为观察幼儿、与家园互动的方法之一。

教师每学期记录3篇集体学习故事、1篇小组学习故事、1篇个人学习故事，在日常教学情境中进行观察，用图文的形式记录下幼儿学习过程的一系列"魔法时刻"，关注的是幼儿"能做的"、感兴趣的事情，这种观察、记录与评价为支持幼儿进一步学习提供了有效方法。记录内容包括：其一，观察幼儿的学习（注意）；其二，尽力去分析和理解它（识别）；其三，好好地利用我们所识别到的信息来有效地计划和支持幼儿的进一步学习（回应）。与此同时，放假期间由家长来进行学习故事的续写，呈现了家长与幼儿的声音。

4. 亲近自然，善利环境

我们利用园所空间改造环境，设计唐家湾楼道、户外唐风唐韵自然建筑等，通过环境的熏陶，逐渐形成民族情感。为幼儿感受、体验、表现本土文化营造了艺术氛围。

四、建构"园本"

1. 在课程建构中，遵循幼儿园教育理念

在课程的建构中，我们遵循"成就孩子幸福童年"的教育理念，尊重孩子的自然生命、精神生命、社会生命，追求教育的本真。

2. 挖掘本园的个性化特色，梳理并形成园本特色文化

从幼儿的兴趣点出发，建构适合我园、有地域特色的文化，在开展了唐家湾茶果文化活动的基础上，我园尝试开展幼儿喜爱的游戏活动——唐家湾"玩文化"。其中包括盲人点鼻、跳飞机、滚铁圈、弹玻璃珠等游戏项目，通过游戏活动，让幼儿接触唐家湾优秀的民俗文化，置身在唐家湾民俗文化的情境

中，去亲历情境中的各种人、事、物的关系，感知、领悟、理解相互促进和转化，在潜移默化中传承优秀传统文化，在知、情、意、行全面激活的状态下涵养幼儿良好的性格。

与此同时，游学课程也正在建构实践中，通过课程活动涵养幼儿良好的性格品质并促进幼儿社会性发展。预设开发唐家湾课程项目：名人文化——古元版画等，民间文学——民间传说《仙女遗钗》等，民间艺术文学——舞龙舞狮等。

3. 整合园本课程的来源

园本课程的来源有很多种：幼儿、教师、家长、社会、同伴。那么，如何有效地整合我园园本课程的主要来源？其方法如下：

（1）教师构建

教师是课程的建构者、支持者、实施者，更是生活的陪伴者。所以，教师应积极参与幼儿的生活，抓住适当的"现场"，不断充实幼儿的生活环境，创造活动的机会和条件，运用多种方式构建课程，让幼儿不断获得新的经验。每位教师都有自己的特长，善利教师的特长是园本课程建设的基础，由此，我园开展了幼儿根据自己兴趣自由选择的每周五游学课程。在鲜活的现场中不断地探索、思考、创新。

（2）家长构建

家长于幼儿园而言，亦师亦友，是强大的工作伙伴。同时，课程也是幼儿在家庭中个性化的延伸。那么，怎样才能做到家园共同成长，让家长了解园本课程的意义及培养目标呢？我们立足园本实际，通过开展家长讲座、家长会、家长开放日等活动，让家长了解我们幼儿园的园本课程；通过亲子活动，如冬至系列活动、来园与教师和幼儿分享茶果的制作方法、故事妈妈、读书月、"一四七"赶集会、文化月等，让家长参与园本课程的实施，引导家长参与课程建设，让家长主动了解孩子，帮助孩子进行有效学习。教师们结合主题活动，事先提供给家长课程名称、需要收集的资料及相关资源，指导家长帮助和支持孩子。活动后请家长在各种生活场景中，和幼儿开展相关的活动。这不仅让家长了解幼儿园课程实施的情况，而且获得了家长的大力支持，同时也让家长真正关注到自身的成长对幼儿成长的重要性。

（3）社区构建

利用社区资源建构园本课程是幼儿园实现与社区融合的有效途径。幼儿的生活由幼儿园、家庭、社会组成，所以社区之于园本课程是紧密相连、密不可分的。

我园充分利用社区资源，与学校、社区、文化站开展共建：在清明节组织幼儿赴共乐园进行扫墓，在祠堂开展大班毕业生开笔礼活动，与"麦记"共建"非遗进校园"活动等；将幼儿的活动延伸到大自然和大社会中，以梁园长、陈园长代表进行了一次高新区文化站的解惑之旅，拜访高新区文化站的罗主任，在文化站采风，深入了解唐家湾相关历史与民间传统文化，并且在文化站获得了相关书籍资源。

园本课程建设之路还很长，在课程不断园本化的过程中，还需要我们不断地去探索。在探索中我们也发现，课程不再是跑道，而成为跑的过程：是以幼儿为主体，教师、家长、幼儿园、社会与幼儿共同在教育情境中生成、建构的一系列事件。在唐家湾文化建构的过程中，遵循批判创新传承的原则，取其精华，去其糟粕；择善而之，其不善而改之。不断学习、实践、提炼、完善，最终凝结成自己的课程，让唐家湾文化成为我园的深层价值。

［珠海高新技术产业开发区（唐家湾）中心幼儿园　陈敏敏］

传统"书·德"文化课程介绍

——以春·兰贤之"传承书艺文化，涵养书香童年"游学街活动为例

一、传统"书·德"文化课程简述

1. 课程核心与内涵

（1）课程核心为"品梅兰竹菊，修君子之德"。

（2）传统"书·德"文化课程的内容有"书"和"德"组成。

"书·德"文化之"书"者，为中国传统文化"经、典、史、册"，包括"艺""礼""乐""技"等，是文化的载体，在本课程中泛指学识、才学、阅历。

"书·德"文化之"德"者，主要指的是中国传统的君子之德。在中国的传统文化核心中，君子之德指的是：德才兼备，文质彬彬，有所为有所不

为，达则兼济天下，穷则独善其身的品格，它是两千多年来中国人追求的理想人格，即为：君子处世，应像天一样，刚毅坚卓，发愤图强，永不停息；君子为人应如大地一般，厚实和顺，仁义道德，容载万物。在本课程中，为了更加具体地体现和具化君子之德的内涵，特指常为中国人感物喻志的象征、素有"四君子"称号的"梅、兰、竹、菊"的四种品德，即为：

梅——卓，坚强独立。意为"不畏险阻、刚强坚韧"。

兰——贤，自信多才。意为"通达雅趣、才华出众"。

竹——谦，谦让有礼。意为"谦虚礼让、有节有德"。

菊——逸，开朗豁达。意为"不拘小节、开放洒脱"。

2. 课程结构与内容

（1）课程主要按四季分四部分各有所侧重开展

春·兰贤——3月至5月，侧重才艺、兴趣、自信的培养。

夏·竹谦——6月至8月，侧重道德、礼仪、习性的培养。

秋·菊逸——9月至11月，侧重志趣、气度、性格的培养。

冬·梅卓——12月至3月，侧重独立、坚强、意志的培养。

（2）课程主要内容

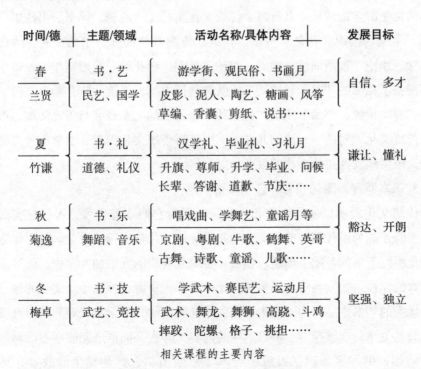

时间/德	主题/领域	活动名称/具体内容	发展目标
春 兰贤	书·艺 民艺、国学	游学街、观民俗、书画月 皮影、泥人、陶艺、糖画、风筝 草编、香囊、剪纸、说书……	自信、多才
夏 竹谦	书·礼 道德、礼仪	汉学礼、毕业礼、习礼月 升旗、尊师、升学、毕业、问候 长辈、答谢、道歉、节庆……	谦让、懂礼
秋 菊逸	书·乐 舞蹈、音乐	唱戏曲、学舞艺、童谣月等 京剧、粤剧、牛歌、鹤舞、英哥 古舞、诗歌、童谣、儿歌……	豁达、开朗
冬 梅卓	书·技 武艺、竞技	学武术、赛民艺、运动月 武术、舞龙、舞狮、高跷、斗鸡 摔跤、陀螺、格子、挑担……	坚强、独立

相关课程的主要内容

第二章 脚踏实地

二、课程的实施——以春·兰贤之游学街活动为例

1. 营造环境，感受"书·艺"氛围

创设教育性、艺术性、参与性、操作性、探索性的传统文化环境是传递中国传统文化精髓的关键环节，其作用在于让幼儿在传统文化的环境熏染下，通过与环境互动，能够直观感受传统文化的不同表现形式。因此，在本次活动中，我园将传统文化有效地融入幼儿园环境之中，力求做到传承、创新、融合，体现出古典与现代、传承与创新的教育环境。在室外公共区域，传统文化元素随处可见，一楼至三楼大厅分别以水墨画、扇子和油纸伞、书法的大环境创设；室内主题墙、空中悬挂和区域投放的都是能激发幼儿探究兴趣、丰富多彩的材料，有民间艺术、有古典文学、有地方文化，让幼儿在与环境的相互作用中，潜移默化地感受中华文化的精髓。

2. 传授技艺，体验"书·艺"文化

中国传统技艺是民间传承下来的技艺，每一门技艺都烙着民族印记，以其浓郁淳厚的艺术内涵和生动的历史痕迹，越来越受到人们的喜爱和欣赏，成为人类共同文化。为了让幼儿和家长亲身体验中国传统技艺，我园举办了丰富多彩的文化游学街活动，共有21个传统文化主题（青花瓷、评书、书法国画、剪纸、草编、编织、花艺、戏剧、糖画、皮影戏、泥人、中药香囊、戏曲、油纸伞、旗袍、古筝诵读、团扇、陶艺、纸鹞、棉花糖、脸谱制作），每个主题都准备了相关的"书"和"艺"，既能阅读书籍，又能玩味艺韵，"听"传统，"看"传统，"品"传统，让教师、家长和幼儿亲身参与传统活动，近距离与传统文化"对话"，使幼儿在活动中获得传统文化经验，游学街各类活动也最大限度地发挥传统文化的教育功能。

3. 班本课程，深化"书·艺"内涵

传统文化之所以成为传统和经典，是因为它们本身优秀，再经过实践和时间考验才成为世代相传的经典，幼儿园传统文化与课程的融合，需要保留传统文化沉淀下来的基础上创新、创造，将幼儿喜欢的元素加入课程，设计出幼儿喜欢的课程。我园各班找到传统文化中的课程资源，抓住传统文化的核心，选择优秀的艺术作品作为班本主题课程。并顺应幼儿的学习兴趣和学习趋势，追随幼儿关注、能够探索、可以延伸的内容，师生共同推进完成学习活动。

例如：中一班阅读区投放了绘本《京剧猫》，妙趣横生的故事，活灵

活现的形象，激发了幼儿对京剧的兴趣。教师顺势开展了"识角色""画人物""制头饰""演起来"等系列活动，让幼儿近距离地感受京剧艺术的魅力，开阔眼界，亲身感受和体验国粹京剧的大雅之美，进而喜欢上京剧。中四班在传统故事《老鼠嫁新娘》中，幼儿由对故事中老鼠的关注引发出饲养小仓鼠的活动，他们在对小仓鼠的日常管理过程中，激发了他们对自然和生命现象的兴趣和科学探究兴趣，衍生了"鼠科动物调查""仓鼠的种类""仓鼠爱吃的食物""创设仓鼠舒适的家"等活动，使幼儿在活动中知道如何获取知识、认识事物和解决问题。《西游记》是我国四大名著之一，大七班的幼儿对这个故事有极大兴趣，它自然而然地就成了幼儿学习探索内容，教师以戏剧主题教育为切入口，营造戏剧的氛围，为幼儿创设戏剧艺术探索的时间、空间与材料，幼儿自编自导自演，自行学习相关演出知识、丰富各种表演经验。戏剧课程不仅加深了幼儿对《西游记》的理解，还提高了幼儿的戏剧素养，引导幼儿用戏剧手段表达自我，认识和理解世界。

4. 搭建平台，拓展"书·艺"经验

为了对幼儿进行传统文化素养培育和培养，使传统文化深入幼儿的日常生活中，让生命在成长之初就可以浸润于传统文化之美，在幼儿与经典对话及礼乐实践中，回到"天人合一"的生命智慧里。幼儿园各级组以亲子形式，相继开展了很多活动，为幼儿和家长提供了一个读经典书、交流、展示、共享的大舞台。如开展21天亲子古典书籍阅读打卡、家庭教育传统好书推荐、经典故事妈妈进校园、科学爸爸进课堂、亲子经典故事演绎、幼儿成语故事比赛、亲子书签制作等活动，营造出浓郁的书香校园和书香家庭氛围。

5. 深耕师资，构筑"书·艺"基石

在传统文化课程建设过程中，教师要恢复对传统文化的"温情与敬意"，自觉承担起文化传承的重任。在本次读书节和游学街活动中，我园教师将自己看作课程资源的开发者、使用者，主动参与到幼儿园传统文化课程资源的开发和运用中，通过多次"头脑风暴"式的讨论、分享，与传统文化专家及传承传统文化手工艺人的交流，最终形成这样一份传统文化盛宴，使幼儿在享受这份文化大餐的同时，教师也能正确理解、把握传统文化教育精髓，增进对传统文化的理解与认同，用传统文化浸润、涵养自己的生命，进而将其丰富的文化理解和真切的生命体验转化为课程建设持久而鲜活的源泉与动力。

三、课程构建已取得的成绩和存在的不足

1. 已取得的成绩

通过春·兰贤之游学街活动的过程呈现和实施评析，大概可以窥见传统"书·德"文化课程的实施情况。在本课程中，深刻地根植于中国的传统文化，初步构建出具有传统文化特色的材料、环境、活动，通过对人的全面整合以及对书、艺的多元体验，家园、师幼多方联动的整体性传统文化课程雏形初现。

通过传统"书·德"文化课程之春·兰贤课程的开展，让孩子们从小耳濡目染，浸润并受益于中国独有的文化情怀，让幼儿潜移默化地感受到中华民族的悠久而独特的文化，将传统文化扎根于心中，同时萌发幼儿的民族自豪感和热爱祖国的情怀，其课程价值初显。

2. 存在的不足

课程的建构是一个系统而复杂的工程，其涉及目标体系、内容架构、评价系统、组织模式等诸多专业的课题，我园的传统"书·德"文化课程尚处于初步架构阶段，还不太成熟，其价值和意义也需进一步验证，目标设置、内容选择等也需深入地考究，课程资源的整合和提炼还没有真正开展……这些都将是未来课程精进实施的方向。

（南屏镇中心幼儿园　张维东）

五洲幼儿园园本课程概况

一、课程理念

五洲幼儿园的园本课程建构离不开幼儿园的建设发展，更离不开朱小艳园长及其省、市名园长工作室的指导和帮助，最终凝练出以下五点园本课程观。

一是在遵循《幼儿园教育指导纲要》以及《3—6岁儿童学习与发展指南》等文件的基本理念下，以幼儿发展为本，尊重每一个儿童的身心发展规律，满足其个体的生理、心理发展需求，在安全、和谐、健康、有爱的环境中

获得全面发展，为每一个儿童奠定良好的人生开端。

二是在合理的课程管理下实施课程。课程的内容既源自幼儿的生活，又能满足每一个幼儿的特点和需要，既体现共性又具有个性，同时通过教师根据班级的情况适时筛选、调整和补充，形成一个动态的过程，体现师生共建。

三是在课程实施的过程中，根据不同层次教师的发展水平和专长激励挑战，张扬个性，允许教师在幼儿园课程的大框架之下有一定的自主空间，可以根据班级的具体情况，自主安排基础课程内容，从而促使教师之间优势互补，发挥所长，各显其能。

四是幼儿在一日活动过程中，教师应根据幼儿的需要，创设宽松、愉悦的活动环境，提供充足的、品种丰富的开放性活动材料，让幼儿可以自由选择并自主发展。

"让每一位教师自主发展"是实施课程方案的保障，"为每一个儿童奠定良好的人生开端"是实施课程的最终目的。

三、课程目标

体魄强健——通过课程实施促进幼儿身心健康和谐发展，提高幼儿运动能力，让幼儿具有强健的体魄。

自主管理——通过课程的实施，提高幼儿自我管理与自我服务的能力。

快乐思维——通过课程的实施，培养幼儿好奇探究、文明乐群、勇敢自信、睿智创新的快乐思维方式。

友善感恩——通过课程的实施，培养幼儿和睦友善、惜福感恩的意识，学会以感恩之心对待他人。

四、课程设置及内容安排

我园招收全日制3—6岁幼儿，按幼儿年龄设置小班（3—4岁）、中班（4—5岁）、大班（5—6岁）三个年级，我园课程的设置以《幼儿园教育指导纲要》《3—6岁儿童学习与发展指南》为基础和指导，结合我园特点和满足幼儿学习与发展的需要，课程设置分为基础课程和特色活动两部分。幼儿园在实施课程的过程中以基础课程为主，特色课程融于幼儿一日活动的各个环节之中。

（一）基础课程

"双主"课程包括：室内主动学习课程和户外自主游戏课程。

1. 室内主动学习课程

室内主动学习课程是以HighScope课程模式来开展，课程是以建构主义理论为基础，吸纳现代教育学和心理学研究成果建立起来的以"主动学习"为核心的幼儿教育课程。

在我园小、中、大三个年级的HighScope课程中，幼儿每天都有相对稳定的一日活动流程，包括入园时间、问候时间、小组活动时间、大组活动时间、计划—工作—回顾时间、户外活动时间等，教师会根据幼儿发展的58项关键经验和《3—6岁儿童学习与发展指南》的相关指标来设计组织各种活动，通过合理规划设置区域、投放多样性适宜性的开放性材料、一致性和可视性的材料存储方式等途径为幼儿创设主动学习的游戏环境，运用适宜的师幼互动策略及与幼儿分享活动控制权等方式鼓励幼儿主动建构学习经验，使用冲突解决法发展幼儿主动解决冲突问题的能力，从学习方式、社交情感发展、身体发育和健康、语言读写交流、数学、创造性艺术、科学和技术、社会学习共8个领域34个项目来观察幼儿，撰写"幼儿轶事记录"，并制作幼儿发展评估报告，开展家园互动交流，共同支持幼儿的主动学习。

2. 户外自主游戏课程

我园户外自主游戏课程是以安吉游戏的模式来开展，我们将户外活动区域进行了合理的划分，目前有操场综合游戏区、大厅大型积木建构区、森林王国、趣味沙水区、四楼平台等15种户外活动场地，能够同时满足15个班级幼儿的户外游戏活动。每个场地都配备有充足的低结构和无结构游戏材料，这些材料的功能和玩法没有限定，像玩什么、怎么玩、和谁一起玩、用什么来玩等内容均由幼儿自己做主，让幼儿在自主、自由的游戏中，充分地操作、探索、体验来主动获得经验。

教师全身心地观察幼儿的游戏，最低限度地干预幼儿的游戏行为，让幼儿有安全感和信任感，在需要时得到支持，让幼儿在游戏中主动探索并尽情地挑战自我，体验成功的喜悦，从而增强自信、提高能力。

（二）特色课程：H&S课程

《3—6岁儿童学习与发展指南》中指出："要树立一日生活皆课程的教育理念。"进一步阐明了课程来自生活，一切生活都是课程。

我园运用5S管理法，引导幼儿在幼儿园的一日生活中逐步养成良好的生活、卫生、学习习惯，结合"体魄强健、自主管理、快乐思维、友善感恩"的培养目标，促进在园幼儿身心健康，快乐成长为自主、自理、自控、自信的、全面发展的中国人，真正让教育回归生活，使生活成为课程资源。

由此，建构了我园的园本特色课程：以5S为基础——S，以体魄强健——Health、快乐思维——Happy、友善感恩——Human、主动学习——HighScope组成的H&S课程。

1. 以5S为基础的生活课程

我园5S生活课程主要从以下几个方面来开展：

（1）在环境上融入5S的理念，通过可视化的图示指引规范幼儿的行为，引导幼儿自我管理和自我服务。

（2）科学合理地安排幼儿一日生活流程，充分利用每一个环节为幼儿提供自主探究、亲身操作的机会，帮助幼儿养成良好的作息习惯、生活习惯以及行为习惯。

（3）通过开展班级小助手、园外活动、种植能手、美食制作、劳动日、今夜不回家等形式多样的生活体验活动，提高幼儿自我服务和服务班集体的意识、能力，让幼儿在真实的体验中获得生活实践经验。

2. 体魄强健——Health

我园通过体能大循环锻炼、户外自主游戏、园外徒步等活动的开展，有效促进了幼儿身体的健康发展。同时在妇幼保健院多科室的专业指导和协同下，进一步有效防控、矫治了幼儿常见疾病，保障了幼儿的身心健康、体魄强健。

3. 快乐思维——Happy

我园以"双主"为基础，以幼儿"主动学习"为核心，在一日活动中，幼儿均能依据自己的兴趣和能力水平进行自主选择、主动探究，在操作和探索中，真正体现了快乐的思维。

4. 友善感恩——Human

我园以友善感恩为培养目标，强调让孩子先学会做人——有爱心，懂宽容，与同伴友好相处，爱护幼小，孝敬长辈。因此，我园教师以重阳节、中秋节、春节、端午节、三八节等节日作为载体，设计开展了丰富多彩的主题教育活动——如在重阳节开展了"九九重阳节，浓浓敬老情"的主题活动，孩子们通过做礼物、剥橘子、捶背、洗脚等方式表达对长辈的感激之情；又如在六一儿童节，由家委会牵头连续3年开展了爱心义卖活动，老师、家长将自制的食品、手工艺品，孩子将自己的玩具、图书等用品进行义卖，将筹到的善款分别捐给白血病患者和福利院的孩子们。

5. 主动学习——HighScope

主动学习是HighScope学前教育方案的核心，也是我园课程的核心，教师始终秉承主动学习的理念，通过创设适宜的学习环境、师幼互动策略来激发幼儿的内在学习驱动，让幼儿通过与环境、材料、同伴以及成人的积极互动来主动建构学习经验。

五、课程实施

1. 稳定、一致的幼儿一日活动流程

内容略。

2. 互动式的活动环境

（1）从幼儿的年龄特点和兴趣出发，划分合理的区域空间。

（2）从各个区域之间的交换特点出发，设置出入口，用低矮的柜子划分区域。

（3）创设温馨舒适的空间，同时能够满足幼儿的独自游戏、平行游戏和群体游戏的要求。

（4）用多种方式给所有玩具柜和存储材料的容器进行标识，让材料有名有家。

3. 灵动的活动现场

（1）晨间问候

问候时间是指所有孩子坐在一起，先唱一些问候歌，然后一起来阅读一些信息，晨间信息板上的内容可以是今天要发生的一些事情，也可以是这周对他们来讲是一些有意义的事件。

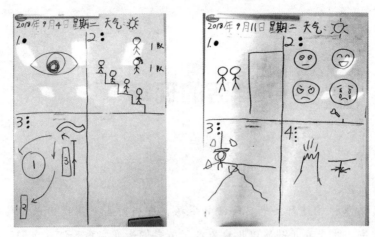

晨间信息板内容展示

（2）小组活动

小组活动时间是指由成人基于幼儿的兴趣、发展水平等来计划和发起的活动，教师在活动中给每个幼儿准备一份材料，幼儿根据自己的兴趣、能力水平来决定如何使用材料，用材料来做什么。同时，幼儿还会和他人交流自己的想法和经验，教师会根据幼儿的不同发展水平给予适宜的鹰架策略，支持幼儿在原有经验上获得发展。

（3）大组活动

大组活动是成人发起的活动，鼓励幼儿成为集体的一员，教师在活动中给幼儿提供扮演幼儿层面的领导角色，与幼儿分享控制权，实现主动学习。

（4）计划——工作——回顾

首先，教师与幼儿在一个亲密的环境下一起制订计划，了解、鼓励幼儿的游戏想法。

其次，幼儿在工作时间自主选择材料、区域、玩伴等根据自己的兴趣、想法完成自己的计划，教师在活动中观察并运用适宜的师幼互动策略支持幼儿的活动。

最后，教师与幼儿回顾他们在工作时间的经验。

"鲜活的现场"

——真正突显儿童学习的场景、过程

所有的课程构建都要来自鲜活的现场，即当时当下显现出来的具体儿童学习的方法，才能真正凸显以儿童为本。当我们亲身实践验证，我们的课程是客观存在的，是当时当下客观存在的知识，在某一个孩子或某一群孩子身上，我们的教育实践呈现出来的就是我们所做的教育方式。

——朱小艳

AH-HA课程之幼小衔接主题探究

一、什么是AH-HA课程

AH-HA代表着脑中的"电灯泡"突然地亮了起来——灵光一闪就是这个意思。美国心理学教授约翰·考尼尔斯（Dr. John Kounios）指出：顿悟实际上会使我们的脑部释放出"闪光"。当灵光一闪发生在一个人的脑中，说明已有一个新发现诞生了，或者是一个疑团已被解开，又或者是一个任务已经达成。

AH-HA课程是以皮亚杰的建构主义理论、维果茨基的最近发展区理论为基础，融合瑞吉欧方案教学、项目教学、高瞻课程三大课程模式。关注孩子的主动学习，孩子们每天都在计划—工作—回顾、提出问题—探究问题—解决问题的过程中，了解自我，关注社会，亲近自然。

二、幼小衔接在AH-HA项目探究中的实施步骤

真正的幼小衔接应是将教育有机渗透到幼儿一日生活中，拉近幼儿园和小学之间的距离，使孩子们做好成为一名小学生的准备。我园将幼小衔接融入

AH-HA项目探究中，和孩子们一起进行"我要上小学"的项目主题探究，开展了丰富多彩的探究活动。

（一）AH-HA项目探究的主题来源

孩子们即将毕业要上小学，但是小学是什么样的？孩子们心里充满了疑问，也充满了期待，他们想成为一名真正的小学生。同时《幼儿园工作规程》中也明确提出："幼儿园教育应该和小学密切联系，互相配合，注重两个阶段教育的相互衔接。"为了帮助孩子了解小学生活，近距离地感受小学的环境、课程、学习方式等，结合孩子们的兴趣，本学期我们和孩子们一起开展了"我要上小学"的AH-HA项目探究活动。

（二）AH-HA项目探究的阶段

1. 提出问题，呈现问题墙

确定"我要上小学"的主题后，孩子们对小学充满了向往与好奇，对小学的学习与生活提出了各式各样的问题。班级教师通过现场记录、整理汇总孩子们的关于"我要上小学"的问题，张贴在教师墙面上形成问题墙。

问题墙展示

2. 解决问题

（1）制作教师主题网络图、幼儿主题网络图

2018年3月，大班组各班教师根据幼儿的兴趣及AH-HA课程各领域的关键指标，预设制订了"我要上小学"教师主题网络图。

路遥

——朱小艳园长工作室 成果汇编

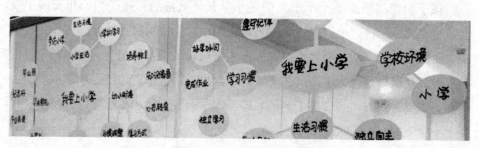

"我要上小学"教师主题网络图

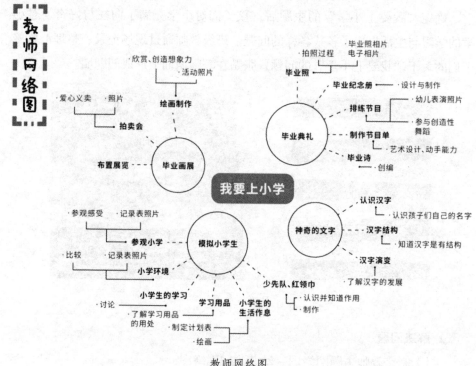

教师网络图

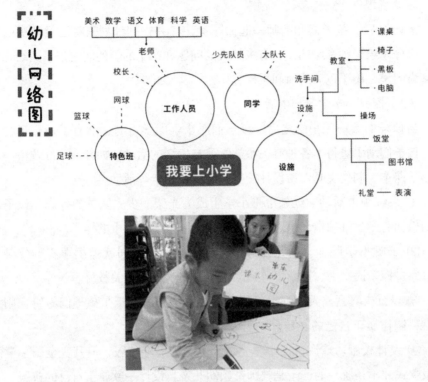

幼儿网络图及相关图片

随后结合孩子们的提问，和孩子们共同探讨"我所知道的小学"的相关知识和经验，班级教师和孩子们一起制订了"我要上小学"幼儿主题网络图。

（2）组织参访活动

① 活动准备：提前与小学教师取得联系，与幼儿制订参访活动的任务与要求，提醒幼儿参访活动时注意安全。

② 活动时间：2017年4月3日。

③ 活动地点：珠海市横琴新区第一小学。

④ 参加人员：珠海市横琴中心幼儿园大班组全体师生。

活动流程一：制订参访计划表

为有目的地了解小学的一日生活，孩子们针对自己的兴趣制订了参访计划表。

活动流程二：参访横琴一小

携带着参访计划，孩子们有序地跟着老师走访了小学校园，并通过观察记录和询问相关人员来解决参访计划表中提出的问题。

活动流程三：完成参访回顾表

参访过后，孩子们和老师一起回顾参访，并根据计划表将已经解决的问题一起分享给老师和小朋友，有未解决的问题和产生的新的问题记录到幼儿主题网络图里，用于以后的时间再探究。

（3）探究小学学习与生活

当孩子们参访完小学之后，孩子们对小学的学习与生活有了最直观的体验。孩子们动手进行了各种有关小学学习与生活的活动，如开展系红领巾、了解小学课本、制作文具盒、设计校服、制作校园卡等活动。

① 系红领巾活动。红领巾是小学生成为光荣的少先队员的标志。孩子们迫切想拥有一条红领巾，也想看到自己和同伴系上红领巾的样子。

② 了解小学课本。幼儿园与小学生活最大的不同就是小学实行分科教学。通过探索语文书、数学书等活动，了解小学生的相关教材。

③ 设计文具盒。大家都很羡慕小学生有文具盒，于是孩子们纷纷选用各种材料制作属于自己的文具盒。

④ 设计校服。珠海市的小学生每天上学需要穿校服，但其实全国小学的校服款式并不是统一的，于是教师带领幼儿亲自设计一款属于自己的校服。

⑤ 制作校园卡。在讨论环节，有幼儿提出："我的姐姐有饭卡，这卡是中午在学校吃饭用的。"这便是"设计校园卡"的活动来源，孩子们将个人信息体现在校园卡上，设计出一款专属自己的校园卡。

⑥ 熟悉小学一日活动流程。幼儿参观完小学后，发现小学学习与生活安排与幼儿园不同，班级教师与幼儿一起比较了两者的不同，并做了流程图布置到班级墙面上。

一日作息时间表

⑦ 设计电话号码。进入学期末，孩子们都在教室讨论着爸爸妈妈帮自己报了哪所小学。幼儿开始感叹以后见不到好朋友了，那我们就都把自己家里的电话号码用独特的方式展示出来并贴在墙面上吧，这样就可以记录下自己好朋友的电话号码，以便以后常联系。

（4）体验大班丰富的幼小衔接活动

随着"我要上小学"主题探究的开展，孩子们参观小学，并对小学的学习与生活进行探究。同时在幼儿园里，孩子们都积极参与到幼小衔接的活动中。

① 毕业手掌印

大班的孩子都会收到一份幼儿园赠送的礼物——毕业手掌印。小小的手掌用大大的力气压在陶土上，压印出自己的手印，是自己成长中的美好印记。

② 毕业照

毕业照包含博士照和毕业合影。毕业博士照是孩子人生学习成长的印证。穿上博士服，戴上博士帽，给自己的幼儿园生活画上一个圆满的句号。

毕业合影是一个都不能少。作为一个班集体，我们就是一个互相支持、互相关爱的大家庭。毕业以后，即使小伙伴不能在同一所学校上学，但童年美好的陪伴都会存放在他们心中。

③ 开笔礼

2018年4月25日，横琴中心幼儿园进行了"开笔识礼·启未来"的开笔礼活动。通过行正道、正衣冠等环节，让即将步入小学的孩子们真正感受到中华优秀传统文化的魅力，以此激励孩子们珍惜读书机会、勤奋学习。

所有孩子立正站好，向台上的老师鞠躬，向台下的家长鞠躬，向旁边的同伴鞠躬，感谢身边的人一直以来的陪伴与帮助。

④ "小鬼当家"留宿活动

孩子们即将毕业，告别幼儿园生活，为了让孩子们亲自体验在幼儿园过夜的生活，大班组开展了"小鬼当家"留宿活动，孩子们集体留宿在幼儿园，将要度过特殊的一晚。

为了给孩子们一个完美的体验，幼儿园做了充分的准备，包括制订活动计划、应急预案、发放活动倡议、收集幼儿夜睡习惯等。"小鬼当家"留宿活动给孩子们留下了美好的回忆。

孩子度过了美好的夜晚，孩子们睡醒起床后开始洗漱，老师有序地带着孩子们去晨检。随后便是进入营养早餐时间，孩子们都吃得有滋有味。

（三）课程评价

在AH-HA课程中，评价注重幼儿成长发展的动态过程，关注幼儿的学习痕迹，强调在真实情景中对幼儿进行评价。评价是教师为支持孩子"灵光一闪"而收集和使用信息。

第一，过程评价，对教学过程的计划和组织评估。通过用QQ本记录孩子的日常表现，根据孩子的兴趣点随时对AH-HA课程的学习内容进行调整。

第二，展示评价，对孩子学习成果的评价。本学期，大班组开展了毕业艺术展、毕业典礼等活动。

毕业艺术节

1."我手画我心"

在横琴中心幼儿园有那么一群小朋友，他们即将毕业，踏进小学的校园。在这里的三年，留下了许多美好的故事。在离开之际，她们对幼儿园有很多爱意要用艺术来表达。现在，让我们一起看看吧！

"我手画我心"

【毕业幼儿作品展】

我心中的TA

每个人心中都有一个特别的人，也许是用爱呵护陪伴成长的父母，是共度童年欢乐时光的同伴，或是细心教导的老师，或是超越自我、不断成长的自己……而当天马行空遇上了千奇百怪，将会制作出怎样妙趣横生的作品呢？

毕业幼儿作品展

爱的保护伞

一把把雨伞整齐地排列着，就像孩子们手牵着手紧紧靠在一起，团结起来，有无限的力量。孩子，勇敢地前进吧，去追寻自己的梦想。

孩子们描绘的雨伞

超能机器人

当大铁桶遇上五彩的颜料，当各种废旧材料与孩子们的创意碰撞，"超能机器人"诞生了！在孩子们的想象中，每个机器人都身怀绝技——可以不睡觉保护我们，可以为我们解答每一个疑问，可以陪我们一起玩耍。

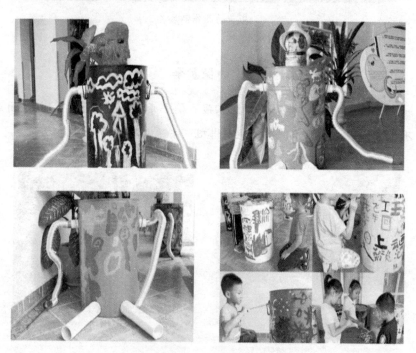

孩子们打造的"超能机器人"

地贴画——我们要上小学啦！

转眼间，我们即将离开幼儿园，升入小学，成为一年级的小学生，开始新的学习和生活。我们渴望长大，我们向往精彩的世界，一起来欣赏我们心目中的小学生活吧！

孩子们专注绘画"心中小学"

我的奇妙世界

Hi，我很快就要离开您了，我亲爱的幼儿园。幼儿园的生活是如此的神奇、好玩。在这三年的时光里，我不单单学到了很多的知识，认识了很多的小伙伴，最为重要的是谢谢您保留了我的纯真，保持了我对这个世界的好奇，支持了我的奇思妙想。我的画里有我最奇妙的想法，有我对这个美好世界的向往。再一次感谢您！

绘画承载了我的奇思妙想

2."承经典·启未来"毕业典礼

寒暑三载，转眼间，大班的孩子们的幼儿园生活就要结束了。这是他们人生中第一个毕业季，也是他们成长中的一个重要转折点。为了给孩子们的童年留下一份珍贵美好的回忆，2018年6月27日横琴中心幼儿园举行了第三届毕业典礼。

第三届毕业典礼

三、家园共育

AH-HA课程重视家长参与课程决策，课程的建设与发展更需要来自家长的大力支持，通过家长工作坊向家长输入AH-HA课程理念，通过家长义工、家长助教的方式邀请家长参与课程，通过一系列家园联系制度增强家园合力。在幼小衔接活动中，横琴中心幼儿园提供了多种教育资源来对家长进行专业引领，让家长参与到幼儿园的教育活动中来。

（一）一对一家长咨询会

还有一个学期，孩子们就要成为真正的小学生了，家长们越来越担心自己的孩子是否能适应小学的生活？是否能从玩中学转化为课堂的学习？面对家长们的种种问题，横琴中心幼儿园邀请多位教育专家为家长们做一对一地现场咨询，更好地为家长答疑解惑。

教育专家为家长们做一对一现场咨询

（二）各类家长沙龙、讲座

1. 幼小衔接家长会

大班各班级为做好幼小衔接工作，各班级召开了幼小衔接家长会，无论家长有多少疑惑，老师们也尽力为家长们解忧。有些班级采用的是体验式讲解，有些班级是采用统一讲解，所有参与家长会的家长都认真用心地参与着。大班组的老师们给家长消除了不少疑惑，但仍有些家长心存焦虑，我们邀请横琴一小的语文课组长和德育主任为家长们做了详细的问题解答。如果说家长会能解忧，那么工作坊能让家长完全放心。对于家长们的提问，横琴一小的老师们做到了知无不言。

2. 家庭教育讲座——两代人的冲突

针对孩子的教育，家里每一个人都有自己的见解。如果在同一件事情上，大家各执一词没办法达成统一的育儿理念，久而久之，这样的状态会导致孩子缺乏安全感，家庭矛盾不断升级。我们该怎么看待这些育儿矛盾并且去化解矛盾呢？为此，我们邀请了国家二级心理咨询师殷淑萍老师来跟大家探讨这个问题。

3. 家长沙龙——如何面对快速发展的时代？

21世纪是一个不断变化的时代，我们从前学到的知识已经有部分被时代所淘汰。面对快速发展的社会，我们应该培养孩子哪些素质，才能更好地适应未来生活？怎么才能在充满压力的环境下，更好地陪伴孩子健康快乐地成长？针对上述种种问题，我们邀请了美国CFS小学校长LISA来为我们进行经验分享。

美国CFS小学校长LISA分享经验

（三）毕业亲子义卖活动

孩子在幼儿园度过了三年的童年时光，对于孩子和父母来说，这三年都是一段宝贵的记忆。为了表达对幼儿园的感谢之情，大班的孩子都想给幼儿园送一份有意义的礼物当作纪念，孩子和爸爸妈妈们都希望我们的横琴中心幼儿园能越办越好。带着对幼儿园的祝福，在孩子和家长的策划下，我们举办了一场亲子义卖活动。

1. 亲子义卖活动

亲子义卖活动正式开始，每个家庭都在卖力地推销自己的产品，现场气氛热闹非凡。通过此次义卖活动，不但丰富了孩子的角色体验，更让孩子通过自身的努力筹钱买毕业礼物送给幼儿园。

亲子义卖活动

经过忙碌而有意义的亲子义卖活动，最后家委会成员都在认真统计着今天的收入，各班都很期待孩子们通过自己的努力后收获了多少。最后由家委会代表统一保管好本次亲子义卖的钱款，用此款项开展"爱心纪念树"活动。

2. "爱心纪念树"交接仪式

在大班家委会成员的精心策划下，珊瑚刺桐终于在幼儿园落地生根。在周一的升旗仪式上，家委会主席和胡园长做了"爱心纪念树"的交接工作，并且将全体大班孩子的名字刻在纪念牌上，并将其挂在珊瑚刺桐树上。

四、课程延伸

在AH-HA课程中，我们除了注重项目探究的本身外，也很重视课程的延续性。孩子的探究欲望不会因为探究活动的结束而终止，反而是通过一个活动之后，孩子们又有了新的兴趣点。本学期，孩子们对"我要上小学"的主题进行了深入探究，也参与了丰富多彩的幼小衔接活动。需要指出的是，在"我要上小学"主题探究活动结束后，老师和孩子们继续开展了相关延伸活动。

（一）"爱的字母"书

孩子们即将毕业，而幼儿园各个角落都留有他们可爱的身影，他们在教室里认真学习，在格林书屋听老师讲故事，在美术室挥洒颜料，在操场上尽情奔跑等。老师们把这些美好的画面最后汇成一本"爱的字母"书，记录与孩子们相伴的美好时光。

（二）毕业旅行

如果人生是趟单程列车，这个叫"幼儿园"的站台一定是离起点最近的大站。孩子们将面对人生第一次毕业分离，正式从相对自由进入规范的学习生活状态。让我们用一场旅行来纪念童年的美好，用欢乐代替分别的伤感，为孩子们的幼儿园生活画上一个圆满的句号。

（珠海市横琴中心幼儿园　胡亚敏）

"鲜活的现场"之国学研学之旅有感

在工作室关于"园本课程"的教研中，朱小艳园长提出了"鲜活的现场"这个课程概念。在跟幼儿的互动中，当时、当下成人的反馈和环境的特点都会对其产生重要的影响。孩子的学习要注重鲜活的现场，成人的学习亦是如此。

国家提倡传承中华优秀传统文化，那如何在幼儿园去实施，这是我园一直困惑的一件事情。之前听过好几位大咖解读国学、解读中华优秀传统文化，听完后觉得中国传统文化博大精深，心生敬畏的同时，对"礼、乐、射、御、书、数"看似就在身边，可又觉得遥不可及。

利用暑假时间，我和幼儿园老师一行5人来到河南郑州寻根问祖。三天行程里，我们参观河南省博物馆，参拜黄帝故里，祭拜岐伯墓，探访伏羲八卦台、嵩阳书院、观星台等。一行人白天山林中席地而坐，吸天地之灵气，感先祖之神奇；晚上围坐酒店房间，听五行八卦之玄妙，领略诗词歌赋之魅力。

一、从更高的角度了解国学

国学不只是诗书，国学是大道、实学，是活灵灵的人生。像黄帝、尧、舜、禹等用古人的智慧奠基了中华五千年的文化之根本：五谷丰登、蚕桑美裳；初定甲子，历算星象；修德振兵，肇造华章；律吕谐音，教民岐黄；宇内一统，铸鼎开疆；踪迹六书，文典辉映，设官司职，政体滥觞；创设指南，舟车四方。对于国学，我们要走近它、了解它、传承它、发扬它。

二、从更深的角度探秘历史

在参观完河南历史博物馆后，大家分享了各自的参观感受，对祭祀文化、青铜器的精湛工艺等方面进行了一番感慨和赞美。同时，我们对如何更加深入地探秘国学历史有了很多的体会。比如：大象——从"大象中原"思考几千年前河南的地理环境和现在有什么不一样，为何这个地方会适合大象生存，而现在大象却迁徙到别的地方？骨笛——贾湖遗址出土的骨笛距今已有8 000多年的历史，它告诉我们音乐在中国文化里的重要地位，所谓"兴于诗，成于乐"；陶罐——说明在仰韶文化期间，人们的生活水平、生活条件在不断提高，已经出现粮食等物品的剩余，因为需要储存，智慧的先人就创造了陶罐；还有青铜器工艺、贝壳货币、钢的使用等。我们于表层看到、听到、感受到，之后学着去思考"从哪里来，到哪里去"的大道。枯燥、深奥的历史就变成一个个活泼的故事，多么的有趣、奇妙。

三、从更宽的角度思考课程

游学过程中，我们一直在思考如何让孩子的国学学习变成鲜活的探究现场，而不只是停留在抽象的经典里。在我园的AH-HA课程探究过程中，主张在主题开始的阶段，一定要带孩子进行"参访"——获取直接的经验，通过问题情境的设置，激发孩子探究的兴趣。这次研学过程和AH-HA课程的学习模式不谋而合。在探寻国学的路上，先带着我们来寻根——"读万卷书不如行万里路。"当我们真正身临其境时，问题自然而生，求知的欲望自然而生，这时再听老师讲解就有豁然开朗的感觉，这和孩子们的顿悟有异曲同工之妙。

之前，我们一直苦恼于幼儿园里如何教国学？也请教过很多大咖，很多人都说可以让孩子们多听听、多读读。对于经典，即使孩子不理解，也一定

第二章 脚踏实地

是个很好的积累。多听、多读一定是一个不错的方式，在此基础上，我们提倡主动学习，那么，如何让孩子们向探究汽车、探究昆虫一样，兴致勃勃地探究我们的国学呢？这一次研学让大家豁然顿悟，我们可以用探究的方式来了解国学，激发孩子的兴趣，激发老师的兴致，鼓励师幼共同成长。

路漫漫其修远兮，吾将上下而求索。

（珠海市横琴中心幼儿园　胡亚敏）

儿童观察与研究

当我们观察某一个孩子学习建构的过程，会对他的学习过程有个脉络，会想他的学习过程是否适用于全班，所以我们可以去扩展观察的范围，在这其中去寻找规律。实际上，我们做的是重新建构的过程，不是用已有的过程框住孩子。

——朱小艳

观察是我们了解幼儿的第一步，也是我们获得"鲜活的现场"的重要途径。持续、客观的观察记录，不仅能展现幼儿成长的轨迹，帮助教师深入了解幼儿的内在需求及各方面的发展水平，还有助于建立起每一个个体的大数据，从中寻找共性。可以说，观察越持久，才会越客观、越了解、越支持。为了进一步挖掘所在幼儿园"鲜活的现场"，工作室的园长学员们结合本园实际，通过运用歌德观察、学习故事、微型课程等教育教学方法，开展了有关"观察"的研究。

歌德观察法

歌德式儿童观察在幼儿教育中的实际运用

歌德观察法不仅仅是一种观察方法，它更是一种适用于宇宙万物生长的哲学体系，现在已被广泛运用于教育学、人类智慧科学、医学、活力农耕、植物学等领域。之所以想要跟大家分享这样一个关于人类生命课题，其原因之一是希望能够帮助大家跳出教育的条条框框，从一个人的生命的视角对儿童进行观察和研究。

曾经的我也在儿童观察方面感到有诸多的困惑，不过真的很感恩在我生命中遇到了朱园长，是她让我在三年前与歌德观察法相遇了，当时我是奔着儿童观察与研究的目的去的，但是到最后我却疗愈了我自己，歌德这种居于人类生命的宏观解读不仅理清了我对儿童观察的思路，更帮助我理解了作为一个"人"是如何走在一条自我成长与发展的道路上。歌德观察法这种唤醒生命力量的方法，让我透过对儿童的观察回溯到自我，从而让我对自身的机制有了更深的理解和清晰的意识。

简单来说，透过歌德观察法，让我在儿童观察与研究中收获了一种"心法"，并通过实践形成了一条"道"，希望大家能学到儿童观察的"道"，进而能够都去探索，然后摆脱我们在儿童观察中遇什么问题都要从别的老师或者权威的专家那里找解决问题答案的困惑。在儿童观察中，"术"的层面能够柔韧有余，能够见招拆招，领会这个心法。当然，我也会通过一些实际的案例给大家一个提示作为分享，以让大家在儿童观察的过程中更具智慧和勇气。

一、歌德式儿童观察的缘起

说起歌德观察法，我们首先来认识一下歌德，我们都知道，歌德是一位伟大的诗人、小说家、戏剧家和杰出的思想家，但是却很少有人知道，他还是一位自然爱好者，他对植物研究的兴趣非常浓厚。歌德并不是一个专业的植物学者，更恰当地说，他作为一位思想家从哲学的角度来解读植物学的问题，所以他非常善于综合地把握植物体上一切组织之间的联系，透过植物外在的现象看到植物的内在本质。

早在1790年，他通过对自然界中最常见的花的观察，写了一本书《试论植物的蜕变》，书中有一幅非常有名的玫瑰花图片，图中的玫瑰花的上面又长出了一段枝条，很多人会认为，这是一种畸形，一种不正常的现象，但是歌德并没有停留在这种表面的认识上，他试图来解释这种现象所反映出来的本质。也许连歌德自己都不曾想到，在当时被认为"完全高出了时代的知识水平"的这样一个被子植物推论，却对被子植物的系统发育研究产生了非常重要的推动作用。他的这一发现当时轰动了整个植物学界，也许当时大家会很意外，对这个问题给出明确阐述的人竟然是歌德，一位哲学家、诗人居然能提出对植物系那么有价值的观点来，其实这完全源自歌德对植物的观察所得，歌德式儿童观察法起源于歌德通过观察并用哲学的角度来解读宇宙万物的生长。

二、歌德观察法是否符合儿童发展？

那么歌德这种源于植物的观察是否符合我们的儿童观察呢？儿童教育专家李跃儿在《孩子是脚，教育是鞋》一书中有这样一段话："孩子是脚，教育是鞋，鞋对于脚而言，适合的才是好的，一双鞋子无论看起来多精美，如果妨碍了脚的自然生长，就不能算是好鞋子。孩子就像一双有感受、有使命、有需求的脚，教育者则是要给这样的脚儿造鞋的人，我们要给予适合孩子的教育，否则越教育就越伤害孩子。很多时候，家长和教师的焦虑正是来源于不懂得儿童的发展，没有这方面的基础，只能看到现象——头疼医头、脚痛医脚，无法透过外在现象挖掘本质，也就无法为孩子提供真正适合的教育。"那么我们怎样才能让孩子穿上合适的鞋子？我们必须要忘我地跟随、感受、了解、研究孩子，才能成为尊重孩子需要的制鞋人。

不知道大家有没有去观察过一株植物或者说你们有没有带孩子去观察过植物？那我们平时是怎样去观察一株植物的呢？

传统观察（静态的观察）：曾经记得我的中学老师，当时是直接带了一盆植物到班上给我们讲解，用这样的方式带我们去认识植物的，这在当时已经是很先进了。直到现在还有很多小学在学习植物的时候是通过书本上的几幅图去认识植物，当然随着现代教育观念的转变也会有老师带着孩子一起去种植、一起去观察植物，那也仅限于观察完也就完了。

歌德观察（动态的观察）：

歌德观察一株植物是这样一个过程：

1. 歌德观察到植物叶子、花等，并将植物变化的形态过程画了下来，并发表了《植物变形记》一书，展示了植物须根向下走，芽向上走，经历了一个特定的时刻。

2. 种子长出根须，扎根向下，叶子不断向上生长，停止生长，出现花苞、花蕊，蜜蜂带来其他花粉，再带走这个花粉，出现新的种子，然后结出果实。

3. 种子需要借助外部的环境如蜜蜂、阳光、水、空气、泥土等获得生长。

4. 植物的生长既是空间的表达也是时间的全部展现，引领歌德找到植物的

第二章 脚踏实地

原形——叶子，叶子生长的四个阶段：长茎、分叶、分化、变尖，观察完后会通过图景的方形呈现出来（学员的手绘图略）。

歌德这种观察研究可以说不是完全分析式、抽离式的一种研究，而是有点像我们在科学实验里面一种比较严谨地看到现象然后产生自己的进一步行动，基于行动再去观察自己行动的现象，然后再去行动这个往复过程的观察，这也是一种比较符合动态生命的观察方式。一个人的生长过程永远是个进行式而不是完成式。"一个成长中的人"指的是教育工作的两端——孩子与成人，都是动态演进的，在教师与孩子的心魂之间一直有一条河流，在关系的互动中流淌着对彼此的理解，而整个教育工作的魅力也在于这样的动态关系。所以，歌德观察法是非常适合成长中的儿童的一种观察法。

三、歌德式儿童观察在幼儿教育中的运用

1. 谁去观察？

我们大家都谈到关于儿童观察好像是一个很专业或者说是一个很严肃的问题，但是不知道大家有没有想过其实每个孩子都是在我们的视线下长大的，很多妈妈在分享孩子小时候情景时都是历历在目，什么时候出牙，什么时候走路以及什么时候吃饭，说起这些都是眉飞色舞的，所以说观察并不是一个很严肃的事情，只是我们大人对孩子投以的一种关注，只要是陪伴孩子成长的人都可以去观察儿童。

2. 为什么观察？

为什么观察儿童？在这里我想谈谈人的发展：儿童是人类群体中一群特殊的存在，或者说孩子是人类发展中一个特殊的阶段，因为童年是整个人一生中发展的基础，有一句古话："三岁看大，七岁看老。"意思是说三岁就基本上知道这个人长大以后会是什么样的，七岁就基本知道这个人一生的状态是什么样的。那三岁之前形成了什么？七岁之前又形成了什么？为什么经过三年和七年的这种对童年的了解就可以基本了解这个人的一生？什么是在童年阶段已经被发展，而在未来却很难去发展的呢？

很多科学家研究发现，三岁之前是人体生理发育的一个高峰期，很多中医也说三岁之前的照顾奠定了孩子一生的免疫力，包括他身体的氧气，身体天然、天生的一种能量。比如说元气都已经定型了，如果这个时候有一些损害那么就会影响一辈子，你的底气就会不足，元气也会不足。那么同时三岁之前也

奠定了我们物质生理发展的一些结构性基础，很多器官的雏形包括神经系统，感官系统的建立包括各种条件反射、各种身体反射的出现和慢慢地消失，因为这些反射的慢慢消失也意味着人的长大和成熟，这些过程的物质基础都是在三年之前打下了一个雏形，而后面只能在这个基础上再去构建了。

那七岁之前又形成了什么？

七岁之前，我们构建的是行为习惯、行为模式、情感模式、情绪模式。因为这个时候是我们从父母身上继承到很多非物质层面的东西，物质层面的东西在继续，但是非物质层面的东西也在慢慢地烙印在我们的身体和心灵上面，所以说七岁之前我们的很多模式就已经形成，我们的很多习惯就已经养成，而这些将伴随我们的一生。

人很多晚期的疾病（如老年的疾病）跟童年早期的经历有关系。比如，七岁以后发生的一些生理状态往往影响的是中年的状态，你在七岁之前发生的一些生命的历程就对应着老年阶段的状态和疾病。所以这也是我们为什么说"三岁看大，七岁看老"的一个原因。例如：现代很多媒体屏幕刺激着儿童，它在人体上造成的一些损伤，这些刺激和损伤可能暂时我们看不到，但这种过度的感官刺激会造成神经系统过早的开发和使用，会让神经系统过早变得硬化，那么这种硬化呈现的后果通常是到了晚年会出现很多神经功能症或是老年痴呆症，这些神经回路是因为在童年阶段过早地开发和过早地硬化受损造成的。

人的7—14岁这个阶段，发展得更多的是心肺、心魂及个人情感的力量，这个阶段如果我们在这些方面出现一些问题，那通常是到中年以后，我们的心血管、心肺疾病等会产生出来。

人的14—21岁阶段，人的第三个七年中，我们的运动系统、代谢系统就慢慢地成熟了，这个时候孩子进入运动的高峰期，孩子的身体素质状态达到顶峰。那么这个阶段如果我们缺乏这些发展或者有些发展遇到一些障碍，这些问题通常会在中年之前即30岁后期就会慢慢地显露出来，会出现消化系统的问题以及运动能力开始下降等问题。这些联系都在提醒我们要重视童年，因为童年是人发展中的一个特殊的至关重要的一个基础性阶段。

所以，观察儿童就是观察这个孩子的未来，培养孩子的0—7岁这个打基础的阶段就是为孩子的未来奠定基础。所以，我们要观察儿童并理解他们的童年，因为这是人生长的根本，是人的一个基础。我们做教育就是要做到：溯源求本，本立而道生。

通常，我们对童年的记忆是非常少的，所以我们容易以成人的经验和视角去理解和教育孩子，而这样就造成了我们很多教育的误区，我们把孩子只是看成小一号的成人，但实质上孩子除了比成人要小以外，他跟成人还有很大的不同，而这些是我们希望通过儿童观察能够逐渐洞察到的，因为他们确实不同，而这种不同也会揭示很多我们关于人类的本质和关于儿童的天性的认识。

所以，观察孩子真的可以让我们观察自己的童年，真的可以让我们跟孩子产生一些同理心，让我们内在的那颗童心再次散发光芒。当我们以一种童心的方式去理解并跟孩子相处的时候，你就真的可以看到这个孩子跟你的关系变了。因为孩子觉得这个人懂我，这个人在以我能理解的方式说话，这个人能以我能接受的方式在做事，这个人理解我，这个人我就可以信任他，我就可以跟随他了。

通过观察孩子，不仅可以帮助我们了解过去，也可以帮助我们了解未来，因为每一个孩子都代表着未来的社会状态，未来终究是属于孩子们的。有这样一段话：孩子对我们这个社会和未来的意义和价值在于每一个孩子在不同的年龄都会给这个世界带来新的启发，而我们成人能做的就是把孩子成长过程中的障碍挪开，这样孩子的精神就可以自由地进驻他的生命。一个重视童年或者说重视未来的社会是一个有希望的社会，这是我们观察儿童的一个重要的意义。

3. 观察儿童的哪些方面？

溯源求本，本立而道生。真正的观察是让一些表面的现象之间的关联慢慢地浮现出来，彼此产生联系。我们往往有时候看到的是孩子孤立的某个行为，但是我们往往忘了他的行为与他的饮食、空间环境、生活作息、日常节奏、家庭关系、亲子关系、孩子早期的生命状态等息息相关，我们经常会把孩子现在的行为跟这些割裂开来看，这样的"观察"只能叫"看"，真正的观察应该是从外在形态回溯到本质的解读。

在做歌德式儿童观察个案的时候，我们会建立一个时空的、多维的、完整的视角，比如，我们会观察孩子孕期的状态、出生的状态、生产的时间地点和0—3岁之前的陪伴状态、生活状态等，以及入园以后的状态包括在幼儿园和回家后的状态、他清醒的状态和他睡着的状态、在人前的状态和他独处的状态，还有就是直观看到的和不直观看到的状态，如玩耍的状态、社交的状态、他的语言、行动、吃饭、睡眠、社交、健康时的状态和生病时的状态等，所有这些方面都是需要我们慢慢去观察和解读的，所以说这是一个系统的、整体的观察方法。

4. 观察的要点

在歌德式儿童观察中，我们要练就自己两种能力：第一个是感知力。这是教师内在的一种姿态，教师是否真的对班上每个孩子的生命有着一种"深厚的兴趣"，并将之视为共同成长的伙伴；第二个是思考能力。一种清晰地看、安静地听的"定"。从字面上看，这两个能力很简单，但是实际上是需要我们经过大量的练习才能生成的两种来自教师内在深层的能力，我们可以通过下面的练习帮助我们习得这样的能力。我在刚开始学习歌德观察法观察儿童的时候，我的导师们并没有一开始就让我去观察孩子，而是先让我去观察一个石头，然后观察植物，最后才让我去观察一个孩子。一开始，我很不理解，不过在我进行儿童观察之后，我就明白其中的缘由——其实我的导师是希望让我通过不断地练习对矿物和植物的观察进而去习得歌德观察里的一些观察的品质。

歌德观察法要如何去观察？以下是歌德观察法的几个要点：

（1）时段性：（每次观察不少于30分钟）这需要老师具有一定的意志力。很多时候，在我们平时的带班中，眼睛都是游走在各个孩子当中漫无目的地观察，很少有30分钟的时间眼睛都跟随在一个孩子身上，所以感觉平时的观察是没有目的，而这种具有时段性的观察不仅能锻炼我们的意志力，更重要的是让我们的观察更有目的性。而且在很多时候，孩子的行为动作不是一个瞬间就能看得透的，因为他们是一个不断成长、不断变化的过程，所以是需要这种具有时段性的观察，才能透过孩子的外在观察到孩子的本质。

（2）客观：对你来说，仅仅是观察而不做任何评判是一件容易的事吗？我们要意识到自己主观的存在才能让自己更客观。在观察的过程中，我们会不自主的评判，如果不带评判的观察，那看到的这个孩子的本质才是最真实的，因此，我们在平时的观察中应该阻止自己去评判，做到真正客观地去观察，才会获得孩子的真正本质。当然，如果我们想让自己的观察变得更客观，我们可以从观察石头和植物开始练习。

（3）细致的观察：可以细致到观察她是长发还是短发？她的脸上有雀斑吗？她穿什么衣服？她的眉毛是粗的还是细的？眉毛长过她的眼睛吗？她的眼睛是怎样的？她的额头是宽的还是窄的？她有酒窝吗？她的肤色是怎样的等。

第二章 脚踏实地

以及看他脸的形状是怎样的？他嘴唇的形状是怎样的？耳朵是突出还是扁的？脖子长吗？锁骨是怎样的？皮肤是怎样的？他走路的状态是怎样的？甚至了解握着他的手时为什么是冰冷的等。

通过这样细致的观察练习，是要告诉我们，我知道这个孩子是谁，他们在我们心目中是怎样的，在跟孩子相处的时候孩子的状态是怎样的。但是这些观察的练习都需要我们对孩子充满兴趣。如果在我们的儿童观察中能做到非常精确、足够客观且不带入自己的情感去观察，就能得到启示，我们就能真正地看到孩子的本质，歌德式儿童观察与研究是超级有艺术灵性活动，需要很多的练习。

（4）多维度的观察：这一点最能说明问题的就是我们中国人都知道的一个成语——盲人摸象，意为由于只了解事物的局面，而产生了认识上的片面性。人们在评论一个人时往往因为只看到局部而下结论，造成了片面性。要避免这种现象，唯一的办法是多观察、多了解，不要轻易下结论。在儿童观察中，我们会遇到或这或那的问题，很大一部分原因是我们在观察时存在这种片面性，所以我们在进行儿童观察时，要尽可能做到多维度的观察解读。这一点我们可以在观察儿童时邀请其他老师一起参与同一个儿童的观察，因为我们每个人观察的面是不同的，我们对孩子的描述就不一样，所以在做儿童观察研究的时候，我们需要和同事一起来帮忙观察这个孩子的现象，以便让我们能从多维度去洞察孩子的内在本质。

（5）记叙式图景描述：歌德式儿童观察还有一个重要的要点就是要描述你观察到孩子的图景，通过孩子各个方面的观察把孩子一个活生生的"相"呈现出来，这样一种图景式的描述不仅对于我们的儿童观察与研究有帮助，它对于我们的开展课题研究同样很有帮助。那什么才是记叙式的不带评判的图景描述？

举个例子：简单描述"宝宝趴在毯子上睡觉"图景式描述——宝宝长得圆头圆脑圆肚皮，光光的头上戴着一顶手工编织的蓝色毛线皇冠，圆圆的脑袋上长着细细柔柔的胎毛，肉肉的耳朵，胖乎乎的脸蛋，眼睛紧闭成一条线，宝宝的皮肤细腻光滑白白嫩嫩的，双下巴紧贴在胖乎乎的交叉着的双手上并用青蛙趴的姿势光溜溜地趴在一张嫩绿色的毛毯上呼吸均匀地睡着觉。

第二段话读完后会让人有一种画面感，这就是图景式的描述意义，但是里面是没有加入观察者个人的任何情感，也没有任何评判的语言。这样的一种图景式的描述，是需要我们不断去练习的，它能更客观地帮助我们在儿童观察中更细致地解读到儿童的外在，从而让我们深入到儿童的内在。

（6）观察者内在升起的感觉（不带评判）：通过一种直接参与生命的成长历程的观察，会让观察者产生感同身受的体验，因此，回顾自己的童年，洞察儿童的本质，把观察中升起的感觉记录下来，也就能读懂孩子的内心需求了。

歌德式儿童观察法这种居于人类生命整体宏观解读的方法，它适用于我们人类当中的任何一个方面的观察。当我们习得了这种对生命的感知力和思考力之后，只要把握好这种心法，将它放在我们幼教工作中的任何一个方面，我们都会游刃有余、见招拆招。最后送给大家一段话：

> 观察孩子让我们理解过去，
>
> 因为每个人都曾经是孩子；
>
> 观察孩子让我们憧憬未来，
>
> 因为每个孩子终究会长大；
>
> 观察孩子让我们活在当下，
>
> 因为每个人只能活在当下！

认识儿童，了解自己，成就全人！

（珠海香洲教育幼儿园　蔡如玉）

学习故事

　　"学习故事"是一种叙事性的观察记录方式，它既是一种评价儿童的方法，也是一种研究方式。为了更好地促进和支持幼儿的学习与发展，帮助教师树立"以儿童为中心"的教育观，从"教师立场"转向"儿童立场"，工作室主持人朱小艳园长带领园长学员们来到香洲教育幼儿园开展了系列幼儿学习故事的学习与研讨，让大家在学习故事中感知蕴藏的教育精彩。接下来，就让我们走进那些学习故事中的"哇"时刻，去走进孩子、倾听孩子、观察孩子、了解孩子、支持孩子吧！

什么是学习故事

　　学习故事是新西兰早期教育领域中评价儿童学习与发展的一种动态的评价模式，由新西兰国家早期教育课程框架的编著者之一怀卡托大学的玛格丽特·卡尔教授和她的研究团队经过数年的研究发展而成。它以"注意"（教学始于观察儿童的学习）、"识别"（尽力去分析和理解它）和"回应"（然后好好利用识别的信息来有效计划和支持儿童进一步学习）三部分为主要框架，通过提供一种反映幼儿发展的持续性画面，展现幼儿在日常生活中各种有助于学习的心智倾向，见证每一个幼儿成长的轨迹和旅程，并帮助教师观察、理解及支持幼儿的持续性学习，发展即时、专业的回应幼儿的能力。

　　2015年初，珠海市香洲教育幼儿园引入新西兰学习故事的评价体系，在教师们的心中种下了一颗名为"观察"的种子。随后，香洲教育幼儿园向广东省教育厅申报了课题《在自主性活动中提升教师观察行为的实践研究》并通过立项。在课题的指导下，这颗种子逐渐生根发芽，茁壮成长。教师们以幼儿室内外自主游戏活动为切入点，以撰写、分析学习故事为研究方法，以他人学习故事为借鉴，以我园"常思"园本课程体系为依托，持续而有效地发展多维度的观察视角，研究总结出了常规型、连贯式、对话式、诗歌式等7种学习故事类型，有效提升了自身的观察能力，建立了更为准确的儿童观和教育观，在教师与儿童、教师与家长、教师与教师间架起了一座稳固的桥梁。

走进学习故事

"美丽的海南岛"系列故事

"美丽的海南岛"系列故事（一）

故事产生的背景：此故事受到班上的点名活动之启发，孩子们通过与新来教师关于家乡的讨论，引起了幼儿的探究兴趣，为此产生了"美丽海南岛"的系列故事。

一、发生了什么？

这周佳佳外出了，班上来了一位男配班老师，孩子们既高兴又好奇。

周三早上，我和孩子们照常玩起了开火车的点名游戏。我们班的"点名火车"那可是全球化的，无论远的、近的，真的是去过了好多的地方呢！今早开火车前，孩子们又展开了讨论："我要去新疆，我要去贵州……"就在孩子们争相表达的时候，我注意到坐在后面新来的帅哥刘老师，一个想法猛然浮现——"我们为什么不了解一下新来的刘老师呢？"于是提议："我们今天的火车开到刘老师的家乡去怎么样？"孩子们马上停止讨论，纷纷点头表示同意，嘴里还说着："可以，可以！"（瞧瞧这群好奇的宝宝呀，和他们的老师一样，哈哈哈！）

问题接着就来了——"刘老师的家乡在哪呢？"孩子们不约而同地都看向刘老师。"我的家乡在海南。"刘老师很自豪地告诉孩子们。话音刚落，好多孩子发出"哇"的声音，这声"哇"很夸张，我马上问："哇什么？怎么了？"他们七嘴八舌地说了起来："因为海南特别热""我坐飞机去过海南""海南有椰子糖""海南是一个大海岛"……"既然这样，我们的火车就快点出发去海南吧。"

第二章 脚踏实地

就在孩子们兴高采烈地准备出发时，又被另一个问题给打住了——"可是海南是个大海岛，都是海水，那里有火车轨道吗？我们的火车可以开进去吗？"教室里顿时安静了好多，孩子们面面相觑，然后又将目光投向刘老师。刘老师不慌不忙地说："我们那里有火车，但火车是要过海的。"马上就有孩子问："火车怎么过海？""有桥吗？"刘老师不慌不忙地说："火车是坐着渡轮过海的。""渡轮就是很大的船，对吗？""是的，渡轮有三层，最上面一层是坐人的，第二层是坐汽车的，最下面一层有铁轨，火车就坐在最下面这层。一列火车到了渡轮后会被拆分开来，大概4节、4节地拆，然后渡轮上的火车轨道会和陆地上的火车轨道合并，最后火车再开出渡轮，就来到了海南岛的陆地上了。"刘老师的话刚说完，孩子们竟不约而同地拍起手来。

于是，我们今天的"点名火车"踏上了精彩的旅途，首先坐上了"渡轮"过海，然后又开着小火车欢快地来到"海南岛"上。

教学场景

二、什么样的学习发生了？

这是一个发生在点名活动中的集体学习故事。在活动中，孩子们由对新来老师的好奇引发出对海南岛这个地方的探究。结合自己的生活经验，他们初步知道海南岛是个大海岛，可以坐飞机或者开车到达。那里风景优美，气候炎热，还有高高的椰子树，可以喝到美味的椰子汁等。但对于我们今天的交通方式——开火车去海南则比较陌生，没有相关的生活经验。于是，老师以"开火车"为切入点，通过几个问题的提出，引发孩子们的集中探究——"海南岛上有火车吗？""火车怎样过海呢？"自然地将对海南的大范围了解集中到了海南的主要交通方式上，激发了孩子们对渡轮及火车运行方式的了解与探究，使得点名活动这样的小块时间得以有效利用，并更有价值。

　　活动过程中，通过一问一答的形式进行，虽然形式上并不新颖，但通过来自海南的刘老师如同导游一样的亲自介绍与讲解，使得孩子们觉得海南距离我们很近，就像在我们身边一样，是那么的真实、有力，因此更加充分地激发了孩子们来自内在的好奇与探究。他们专注、认真地倾听，积极地同老师交流，大胆地提出自己的疑问，在轻松愉悦的氛围中主动学习。

　　三、如何进一步支持这方面的学习？

幼儿作品——海南岛的火车坐轮渡

　　短短的点名时间，不只是孩子们有收获，就连作为老师的我也是大有收获。但我和孩子们的这份收获却仅仅初步建立在"听到的"这一层面上，我们听到后，会在脑海中将听到的内容转化为一份图景，这图景富有想象但又比较模糊。怎样将这份模糊的图景变得更加的鲜明生动呢？从我个人来说，就有很大的研究冲动，相信孩子们的探究欲望应该更加强烈。于是抱着这份强烈地深入探究的好奇心，我开始上网查阅相关的资料内容，找到了火车上渡轮的视频及相关的图片，把这些图片和视频与孩子们进行再次的分享探讨后，又布置在了班级的外墙上。当模糊的图景变得真实生动后，对孩子们的探究学习形成了有益的支持，使得孩子们感到惊叹的同时，激发了其内在的学习动力，身心得到了滋养。

　　"美丽的海南岛"接下来还会有哪些精彩的故事发生呢，我们拭目以待！

第二章 脚踏实地

期待……

"美丽的海南岛"系列故事（二）

系列故事二产生的背景：孩子们对海南岛的渡轮进行了充分的探究，这种探究从外在进入到孩子们的内在，因此在自主活动中，孩子们会自然地将这种经验迁移到活动中来，并能够利用多种材料进行构建，使其得以更好地呈现。

一、这里发生了什么？

在这天的室内自主活动中，品豪和圣林两个男孩搭伴来到偶戏创意区。他们首先选择了一块黄色的底布铺在了桌面上，然后两个人就开始来来回回、忙忙碌碌地拿取各种材料，木桩、贝壳、毛线条、松果、小动物……先前空空荡荡的桌面很快就变得满满当当的了。

满满当当的桌面

两个小家伙一边聊着一边摆着，对他们自己的创意感到高兴的时候，还会时不时地发出得意的笑声。经过努力，最后他们的作品终于满意地完成了。于是高兴地来通知我："石老师，我们俩的作品完成了。"我随着他们俩走了过去，眼前的场景令我眼前一亮，还真有些被震惊到了呢。

桌面展示

"哇！这是什么地方呀？"我充满期待地看着他们俩，两个小家伙立刻神采飞扬地开始了他们的介绍：我们建了个海南岛。瞧，这里就是通往海南岛的火车轨道（用长短宽窄不一的毛线条制成了火车轨道，还铺有小石子）；这里是大海（蓝色毛线条表示海水，海面上有飘荡着的"羊毛毡小船"，海里有大鱼，岸边还有各种各样的贝壳）；大海的周围是一片森林，森林里有橘子树（木桩、松果、橘色的羊毛球），这棵最大的树是小鸟的家（两个小木桩搭起作为树干，一片圆圆的大木桩和松果作为树冠，木制小鸟停歇在树上）；森林里有个动物园，动物们正在讨论一个秘密的问题（木质的大型动物围聚在一起）；动物园的外面有一个高高的摩天轮，小朋友可以上去玩和看风景（叠搭起来的木桩上面放着一个"天使之眼"），摩天轮的旁边还有一些雕像……

二、什么样的学习发生了？

继点名活动后，孩子们对海南岛有了研究探索的兴趣，这种兴趣以海南岛的火车为切入点，逐步发散延伸到对海南岛方方面面的探索。从今天的室内自主活动就可以看出，孩子们对海南岛的研究已经进行了内化，并将这种内在的获得通过外在的形式得以很好地构建及体现。

就今天两个孩子创建的"海南岛"来说，不仅让孩子们自身得到了发展与满足，更让老师在感到惊喜的同时，内心倍感欣慰。这份欣慰来自哪里？其实就恰恰体现出班级开展"华德福教育"的成效。

第一，幼儿对于朴实简单且来自自然生活中的材料的灵活运用。在整个"海南岛"的创建中，孩子们运用的材料都来自大自然及生活中，像布块、木桩、贝壳、松果、石子、毛线、羊毛球、羊毛偶、自制手工作品、木制动物等就是这些极其简单朴实的材料，可在孩子的眼里和手里却是光彩熠熠，充满了生命感与价值感。他们通过感官探索到材料的品质，得到真实的体验，并能够运用多种方式进行开放灵活地玩耍。天然材料的提供及运用，对孩子们的玩耍起到极大的激发与支持作用。

第二，发展促进了幼儿多方面能力的同时，使幼儿的身心得到了滋养。在今天的活动中，我们可以发现孩子的多种能力得到了发展，如想象能力、创造能力、建构能力、语言表达能力、合作能力等，幼儿在这样的创意活动中主动学习，发展各方面能力的同时，体验到自主创意带来的愉悦感及完成作品的成就感，从而滋养了幼儿的身心发展。

三、如何进一步支持这方面的学习？

活动接近尾声，我提议两个孩子将作品保留下来，并在活动回顾时向同伴展示并分享。两个小家伙特别高兴，待其他小朋友都围拢过来时，他们自信地介绍起作品来，中间还对小朋友的提问作一一解答。通过他们的创意分享，班上幼儿对海南岛的兴趣更加浓厚了。于是就在某一天的下午，我收到了家长的信息——"四个孩子相约一起到海南岛旅行"。

四个孩子相约一起到海南岛旅行

故事升华：

孩子们在班上对海南岛的探究很快就延伸到了家中，家长们积极地参与进来，并给予孩子极大的支持，于是出现了令人惊喜的几个家庭结伴奔赴海南岛的实地考察旅游活动。在这样的支持下，孩子们对于海南岛的认识从画面、想象到真正地看到、感受到，这无疑是最好、最有效地支持了。

孩子们回来后，热情地与老师和小伙伴进行分享讨论，我们又收到了关于海南岛的好多信息呢。另外，还要悄悄地告诉大家一个小秘密：海南岛的椰子糕好美味哦！

故事解读：

"美丽的海南岛"系列故事是集体学习故事，教师从观察集体的角度出发，图文并茂地详尽描述了在集体中师生共同进行的学习与探索。在这里，教师不仅仅是故事的观察者，更是故事发生的推进者与支持者，通过教师的观察，发现幼儿的活动兴趣点，并给予幼儿适当的支持，使得幼儿的学习探索更加有效及有意义。在教师的识别与支持中，教师能够通过自己的客观观察对幼儿的学习进行正确有效地识别，并行之有效地给予幼儿相应的支持，充分挖掘并激发幼儿内在的探索欲望。

而且这篇学习故事还呈现了家长和儿童的声音，让家长和儿童都参与到学习的评价过程中。可以看到，在不断的注意、识别、回应中，所有人都有可能随时随地观察、解读并支持和促进孩子的学习。

教师心路历程：

2015年初，我结识了新朋友——新西兰学习故事。与这个朋友的相识，好似为我打开了一扇崭新而又明亮的窗，欢迎这个新朋友的同时，对它又有些许的陌生，于是，如何能够与这个新朋友相知、相交，这成为我幼教路上的又一课题。

初写学习故事，其内心热情澎湃，那些精彩的"哇"时刻强烈地感染着我自己，于是不自觉地就把所有的笔触都用在了对孩子们发生故事的描述上，并在识别与回应方面体现更多的是老师的"教"，而不是幼儿的主动学习，如同进入一种"独自傻乐"的状态。但随着幼儿园省级课题"教师在幼儿自主活动中观察能力的提升"的开展，经过多次系统的培训学习、探讨研究后，我对教师的观察有了更加深入地认识与理解，也使得在写学习故事的时候，能够更加客观地呈现我的观察。

课题研究中期，我在参加华德福教师培训学习中，学习到了"儿童自主玩耍"这一内容，"如何识别与支持孩子的自主活动"是我此次学习最大的收获，这令我茅塞顿开。学习后，我将理论联系实践，对班上孩子们的自主活动，从观察到识别都更加地有意识了。所以在这个阶段我撰写的如"敲敲砸砸"等学习故事，在识别方面都有了更加明确的方向，因此关于识别的篇幅明显增多，较之前也相对深入并具有个人特色。

后期，我与学习故事更加地相熟，观察与捕捉的视线也越发地开阔，并在支持幼儿学习方面下功夫，因此逐渐地从片段式的记录扩展到系列式的课程活动。从"美丽的海南岛"这个系列式的故事可以看出，通过我们行之有效的支持，不仅激发了幼儿主动探究的学习品质，还带动了家长的参与，因此家长们也主动地与我们的活动相呼应，家园共育使得活动得到再升华，幼儿的学习得到了更加有效地支持与发展。

面对学习故事，其实可以感受到它一直在引导我们要崇尚天性、回归本质，让教育不要太匆忙，回归到原点，让孩子如清泉般纯洁、明净，让他们发挥独有的创造力，尽量享受美好的童年。

学习故事，让我们和幼儿共同成长！

（珠海香洲教育幼儿园　石晓冬）

特别的爱给特别的你

——和一个自闭症儿童的金秋九月

从选择做幼儿教师的那天起，我就知道爱孩子是每一位教师的基本素养。世界上不会有两片相同的叶子，也没有一个性格品质完全相同的孩子，这就要求我必须要智慧地去爱每一个孩子。在本文中，结合自闭症儿童的特点，老师在加深对儿童心理学了解的同时更要提升专业视角，了解特殊儿童的身心特点并正确地帮助他们，使他们能在普通的幼儿园获得良好的学习体验和生活技能，从而为他们能更好地融入社会打下良好基础。

开学初期，幼儿园迎来了一批可爱的宝贝，对他们来说，新的幼儿园是一个既陌生又好奇的环境。他们希望在这里得到认可、赞赏、关心和爱护，希望得到老师的爱。孩子的心灵是纯洁的，同时也是非常脆弱的，这就需要我们班级老师用自己一颗真诚、热爱、赏识孩子的心去唤醒、呵护宝贝们脆弱的

"试探"。在和孩子相处的时间里，教师应该多与孩子交谈，多给孩子以爱抚，走进孩子的内心世界，用爱心来浇灌和呵护他们。哪怕只是一道温和的目光，也会让孩子的心里暖暖的，有了这份"暖"，和谐信任的师生关系便得以建立，那么在以后的教育教学中，就会产生更多爱的火花。

学期初始，我在中（1）班认识了一个有特殊需要的孩子小D，他是一个自闭症患儿，可能是一种特殊的缘分，使得我内心对这种有特殊需要的孩子有更多的爱和接纳。不过小D发病程度较轻，有语言表达，但不是特别丰富。很多时候，他都能理解别人说的话，但他却表达不出来；也有一些时候，他会说一些和周围场景不相关的话。

最初在老师们的帮助下，他也能跟随集体的思路，但偶尔他会尖叫、大笑，抑或突然冲出来对着我和其他老师猛捶几拳。所以在开学初期，我的腿上和胳臂都有他留下的特殊记号，从一开始不了解他这个行为背后的意图到渐渐找出规律并学会用正确的方法应对，这期间难免还是会被他捶打。后来我查阅了相关资料，发现小D对他人的"捶打"行为是属于感觉系统中本体觉不足，他是想通过用力捶打他人的过程中获取本体觉的满足。

找到症结之后，再次面对他冲过来对我的捶打之前，我会握住他的双手和他十指交叉相扣，并对他的指关节和腕关节做有节律的拉伸动作。渐渐地，他会安静下来，然后我会再对他发出一个正面的指令："请回位子坐好。"他就会去执行这个指令。可是，慢慢地，我却陷入沉思和纠结中，只靠一个行为消退另一个行为，如果期间缺少爱抚和语言安抚，会不会让孩子在本体觉得到满足的同时心理上有点缺失感呢？并且一个不恰当的行为是不是也能成为让他学会正确语言表达需求的一个时机呢？如果加上温和的语言和轻柔的爱抚外加关节拉伸，这个孩子会不会更容易获得安全感和满足感呢？会不会让他的心门可以向世界再打开一点点呢？

带着这样的思考，我首先在脑海里将顺我自己的应对思路并决定立刻实施在下一个"捶打"之前。果然，在又一次的猝不及防中，小D从我的后面捶打了我的腰部，力度挺大，我感觉到的疼痛也比较强烈，但我依然面不改色地转身握住他的双手十指交扣进行拉伸，随后也会把他整个揽入怀中用力拥抱他，给他挤压感，并蹲下来对他说："老师知道这样做你很舒服，如果你喜欢这个感觉，你就对老师说'老师抱抱我'。"说这些话的时候，我是握着他的双手，以让他能集中注意力听到我说的话。果然，小D很快放松下来，对我微笑了一下，我瞬间就感动了，因为小D的特殊性，我很少能接收到他主动和我的目光对视，并且还附上他满足和轻松的笑容，真实属不易，为此，我格外珍惜。

一次一次，一天一天，在每一次他自己无法控制的这个行为之后，我都会重复以上的做法并教会他如何正确表达。渐渐地，小D的这个"捶打"行为的次数也在减少。可喜的是，他自己已经意识到这个动作会带给别人不好的体验。好几次，他对邻座的孩子使用了"空捶"，就是做了捶打动作，但小拳头并没有落在小朋友身上。一个月下来，小D一天的日常中很少再出现"捶打"这个行为了，他懂得控制自己了。这太棒了！

可爱的小D每一天都精力充沛无比，每逢户外活动时间，稍不留神他就不知道跑到哪里去了，对他又不能放任，但也不能管得太严。于是我时常留意他的动态，尽量让他和班集体一起活动，不脱离我的视线。可是，小D大多数时间对集体活动并不感兴趣，他喜欢独自玩耍，他也只会寻找他感兴趣的东西，如幼儿园里的水龙头、阀门、消防栓、儿童玩具车、沙池以及几何形状的攀爬架等。在集体活动中，往往是老师在跟其他孩子交流的时候，一不留神小D就脱离了老师的视线，我只好第一时间到幼儿园其他区域去找他。一开始，他会跑，我就追他，一个户外活动时间连续好多个回合，我也跑累了，小D却一点不露疲惫之色。一周下来，我的腿的确很累，那一刻，我就在心里想：小D啊小D，你是专门来历练我的吗，你是来考验我到底还有几分耐心还是为了让我强身健体才出现的呢？最后的答案是："小D就是来激励我成长的。"好吧，我一定要想出好的办法才不辜负这种特殊的激励法。

首先，我把小D喜欢的活动和物品过滤一遍，找出小D最喜欢的和比较喜欢的物品作为他的奖励物。例如：小D对幼儿园的水管阀门特别感兴趣，这个阀门就是我给他列的第一奖励物；其次，摸清了他的喜好，再依次列出不同等级的奖励物；最后，和他简单明了的讲明规则，如户外活动时间，只可以跑开3次，每跑开1次，我就会和小D一起在纸上做个他能看得懂的标记。如果3次机会用完了就不可以再跑了，并和小D提前做好约定："如果3次跑完后可以控制自己不再跑开脱离班集体，我就带你去看阀门、摸阀门。"

这个规则一开始实施的并不成功，因为户外环境不可控，诱惑力太大了，对于小D来说，3次可以跑开的机会实在太少，目标不容易达到，孩子会有挫败感。所以经过反复推敲，我还是决定在第一步放宽规则，这样下来，实施者和被实施者都会感觉轻松一些，毕竟还要考虑小D的心理承受能力，避免造成情绪问题。因此，方法还是一样的，但次数增加到6次，相对以往的一眨眼就不见身影的状况，6次可以跑开的机会实际上也是对小D的磨合，所谓"好事多磨"，贵在温柔的坚持。经过每天的户外活动时间中的规则演练，并且老师也及时兑现承诺，小D渐渐领略了规则要领，慢慢懂得合理地控制跑开的次数。当然，我这里也得设计出让他不跑开后要进行的活动，这个活动必须有趣也是他喜欢的才行。通过双方的不断磨合，小D脱离班集体的情况越来越少。

更重要的是，在他没有擅自离开班集体的时候，我要真诚地表扬他的这个行为，从而建立更多正向的引导，使得孩子明白："原来我只要做到不跑开，就能获得这么多的好处，那我不跑就好了。"我相信，时间久了，一个规则一个要领，孩子一定就知道去遵守。对于小D，只是要多花点时间和精力就行。最欣慰的是，通过一个月的历练，小D已经能很好地适应幼儿园的集体生活了，对他来说，这是极大的进步；对我而言，这是一种可贵的成长。

一个月过去了，接下来还有很多个月，小D还需要得到哪方面的帮助呢？我能不能跟上他的脚步，能不能有效帮助到小D呢？这些问题也一直伴随着我，也是需要我不断努力学习不断思考的重要部分。这是一个新的挑战，也是前所未有的宝贵经历。我会坚持，我也会观察记录好小D的点滴成长。

为了更好地帮助到这类孩子，我查阅了各种资料，了解到自闭症的基本症状和更详细的细枝末节，知道自闭症是一种属于广泛性发育障碍的病，其造成得病的原因目前全世界也找不到，也没有治愈的药物和办法。更可怕的是，自闭症的发病率竟然达到68：1这样一个高的比例。那么，在未来的幼教生涯中，我还会遇到多少个不同的小D呢？谁都不知道。

我们作为基础教育者，我们可以为这些孩子做些什么？我们幼儿园可以提供什么样的教育环境给这样的孩子？我们如何帮助他们得到普通孩子一样的教育呢？我想：在当今社会对学前教育的大力支持下，一定会有更多的老师用爱和专业一点点打开他们的世界。在政府部门的支持下，教育者会用扶持的手和包容的心来温暖一颗颗自闭的心扉。

我喜欢小D抱着我的腰对我微笑，喜欢他拉着我的手说："老师的手好热。"是的，我喜欢小D，只因特别的小D。所以，特别的爱给特别的你！

（珠海市香洲区五洲幼儿园　刘丽娟）

微型课程

基于幼儿主动学习下的课程探索模式

当我们在学习了新西兰学习故事以及《广东省幼儿一日活动指引》之后，作为一线教师的我们开始思考：我们的课程到底是一个什么样的课程？一定要教师们预设完成吗？适合幼儿的发展规律吗？怎样才能发现幼儿的兴趣点？怎样才能支持幼儿自主的、主动的学习呢？

一、微型课程的产生

1. 微型课程产生的背景

2015年，我园申报了广东省实验课题《在自主性活动中提升教师观察行为的实践研究》，其目的是探索基于幼儿自主性游戏改善教师观察行为的要点和方法，以求逐步达到培养教师的观察能力进而提高其专业水平。以此为背景，我们也申报了本园的园级课题，一个是苏颖主持的《自主性角色游戏中幼儿社会行为发展的实践研究》，另一个是白慧莉教师主持的《科学评量小班幼儿学习环境》，年级组把研究方向就定位在幼儿自主游戏上。

这一年中，我们进行了多次教研活动，教师们进行了积极研讨和实践。我和我的团队先从探索主动学习环境入手，再到区角材料的投放，最后落实到幼儿的自主游戏中。但在这个过程中，我们始终觉得：幼儿如果只玩区域，是不是会缺失很多知识的获得，因为教育的传统观念仍然是：如果教师不教，不提问，怎么知道幼儿学到了知识呢？所以我们在课程中融入了传统的主题教学活动。

在级组多次的教研活动中，教师们津津乐道的是在自主游戏中幼儿的故事，例如：昨天幼儿用积木搭建了一个长长的火车轨道，今天建构了一条有山洞的长长的火车轨道；我们班的男孩子都想当消防员，要去娃娃家灭火；说自己是毛毛虫，正在草地上找食物；有的孩子穿着白大褂当医生，我说得了流感……诸如此类的事件奇趣无穷。每次教研活动，大家都各抒己见，讨论的场面非常热烈。

在教研中，我们不断地发现问题。

① 环境，拆——重新建构。

② 环境材料，探索如何有效投放低结构材料，以及探索投放材料的质变、量变关系等。

通过现场展示及模拟表演，教师们一次次推翻前期经验，以期寻找最好的游戏介入策略。

就这样，我们在教研的路上跌跌撞撞，一路前行，教师们积累了大量丰富的经验，乐在其中。随着教师们对幼儿的观察开始深入，对幼儿的需求也更加敏锐，在小班即将结束升入中班前夕，大家坐在一起回顾小班课程，筹备中班课程的时候，教师们发现，这一年玩得最嗨的还是自主游戏。在教研活动中，大家又提出了问题：大家觉得幼儿在自主游戏中玩得那么嗨，但很多游戏好像还只是玩在初期阶段，显得很肤浅，怎样才能激发幼儿在游戏中玩出更多"花样"（即冯晓霞教授在讲座中提到的"深度学习"，递进式的探索）？而在教师预设的主题活动中，教师们发现总有个别幼儿是游离于课堂教学之外的，教师备课备得很辛苦！但预设的活动并没有让幼儿感到兴奋，没有让教师获得成就感。

此时，我们发现了现阶段主题教学活动的弊端：主题活动中的教学都是教师预设好的，我们都是这样开展的：备课—准备材料—上课—反思，好像并没有追随幼儿的兴趣和想要探索的内容。我们陷入这样的思考：怎样才能真正让课程更好地追随幼儿的兴趣？如何满足幼儿个体的需求？怎样才能让我们的"常思"课程与幼儿的自主活动更好地融合？怎样把教师的观察与发现转变成促进幼儿深度学习的课程？于是，教师们开始尝试以班级为单位，探索对自己观察到的幼儿的兴趣点展开课程的研究——微型课程。以微型课程为基础，我们的教研活动跨入了新纪元。

2. 什么是微型课程?

从省级课题阶段性成果汇报后，就有教师问我和我们组的老师，什么是微型课程？是不是主题活动中的一个点？还是把课录成小视频？

我们的团队在实践探索后是这样定义的：微型课程就是基于幼儿在自主

游戏中的兴趣点，教师发现并提供支持，帮助幼儿深入学习的一种课程模式。它可以针对一个幼儿进行，也可以是小组形式，也可以是集体形式开展。

为了能更好地为以后的教学研讨提供直接的讨论素材，我们的课程全部以PPT的形式呈现。

开展之初的困惑：

（1）怎样的课程才是幼儿需要的真课程？

（2）怎样的备课才是备幼儿？

（3）怎么会一不小心变成教师主导？

（4）何时介入幼儿游戏让课程不着痕迹地开始呢？

（5）怎样才能让课程帮助幼儿进行深入的学习？

因为我们不知道，所以我们决定级组内开展关于微型课程教研。

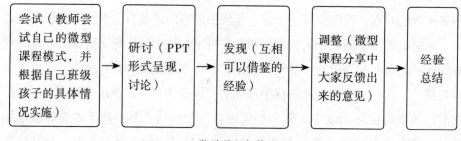

微型课程架构

中班级组上学期的教研活动重心定在了微型课程上，不限制微型课程的选材和形式。为了能让每位教师都有探索的机会，我们主、副班主任都承担了微型课程的任务，每次的教研活动由一位或两位教师承担分享微型课程的任务，全程录像。分享的内容包括：教师是如何发现幼儿学习契机的；给予了哪些材料和信息的支持；过程中幼儿又产生了哪些困惑；教师有哪些支持策略；幼儿有哪些收获及作品的呈现；活动后分析。分享后，教师们再一起来讨论课程的精彩之处和不足之处，提出改进意见，为级组其他教师提供优秀的经验。其他班的教师"取其精华，去其糟粕"，下一次微型课程分享的班级教师在此基础上再进行理解和深入探究，到学期末每个人都经过斟酌、反思，呈现出一个完整的微型课例。这就是所谓的"闻香悟道"吧！就这样我们"摸着石头过河""打破旧壳，发现真谛"，开始"真正追随幼儿的兴趣和构想"的革命，走上了微型课程的探究之路。

微型课程探究架构

二、微型课程开展原则

1. 基于游戏生成活动，尊重幼儿的兴趣和需要的原则

《幼儿园教育指导纲要》指出："教师要善于发现幼儿感兴趣的事物、游戏和偶发事件中所隐含的教育价值，把握时机，积极引导。"兴趣是幼儿认识世界、获取知识、发展能力的内部动力，也是激发幼儿探索的基础。在教育实践中应如何落实《幼儿园教育指导纲要》的精神，关注和发现幼儿的兴趣，就是需要备课的方向。教师们在撰写学习故事中已经有了一定的经验，发现幼儿的兴趣和需要已经不是难事，接下来是分析幼儿的现有水平，建构幼儿原有的知识网络，幼儿的一个兴趣点可能会引发多个学习可能，教师应该为幼儿的诸多可能，准备丰富的材料，以供幼儿进行尝试、探索，并在此基础上帮助幼儿累积更多、更新的知识，把这个知识网建构得又整齐又结实，进而推向另一个高点。

2. 关注个体，搭建支持平台的原则

《3—6岁儿童学习与发展指南》中强调："教师要尊重幼儿的个体差异。"《3—6岁儿童学习与发展指南》所呈现的发展"阶梯"，不用同一把"尺子"来衡量所有的幼儿。如何让每一个幼儿在集体中感受到自己的存在，这就需要教师用一双慧眼发现幼儿。不同性别、不同性格特征的幼儿感兴趣的事情也各有差别，教师首先要对幼儿的兴趣进行价值判断，要想把握幼儿的真实兴趣与需要，教师必须认真、细致地观察、了解和倾听幼儿，读懂幼儿的需求，捕捉来自幼儿的信息，通过材料的暗示作用，对幼儿的发展提供恰到好处的隐性指导，并为幼儿创造了自主发现、体验成功的机会，从而在经验中形成自己的认识。

3. 在微型课程中，我们主张"先学后教"的原则

教师在对幼儿的兴趣进行分析判断之后，鼓励幼儿主动调查，并及时调

整和延伸，既满足幼儿的情感需要和探索的需求，同时又能推动幼儿学习向纵深发展。在微型课程中，在一次又一次的尝试、探究中，有的幼儿学会了向同伴学习、求助他人以得到支持。但教育如果只有兴趣，那么教育将不成为教育，教师不是简单地追随幼儿的兴趣，而是要分析他们感兴趣的事物中所包含的学习机会和价值，把握好其中可能遇到的困难和需要努力的程度。在幼儿游戏进入瓶颈的时候要伸出"援助"之手，"润物细无声"地引导幼儿深度探索。

4. 微型课程基于教师对幼儿的观察与梳理的原则

例如：苏颖、罗伟主讲的《植物生命的秘密》

在以往的幼儿园教育活动中，更多是教师的预设活动。通过对《3—6岁儿童学习与发展指南》的学习，我们认识到：教师应更多的是要仔细地观察、分析幼儿，即时捕捉幼儿中间的热点问题，研读每一个幼儿，关注幼儿发展的每一个寻常时刻，梳理幼儿兴趣延伸的脉络。只有这样，才能真正体现《幼儿园教育指导纲要》精神，即"以幼儿为主体""以幼儿发展为本"的理念。才真正做到尊重幼儿的意愿和需要，发现幼儿喜欢的感兴趣的事物和偶发事件中所隐含的有教育价值的东西。满足幼儿探索的需要，提升微型课程的质量，使教师和幼儿都成为课程的主动建构者。

三、微型课程的优势

1. 微型课程是灵活多样的课程模式

有了微型课程，级组里的教师们不必每天都在整齐划一的课程模式中开展相应的教学活动，而是可以根据各班级幼儿的实际兴趣和需要展开他们喜爱的探索活动，这样的弹性课程使幼儿不会觉得无聊，尊重幼儿个体成长，同时也保护了他们自主选择、自主探索的权利。教师们总能从活动中获取到幼儿新奇的发现，成为教师支持幼儿探索的新目标。幼儿学习主动了，教师在课程的把握上也更主动了。因此，课程模式有针对个别幼儿的，有小组形式的，也有大组形式的。

2. 微型课程是一种开放、自由、自然、生活、情境化的模式

我们支持幼儿在自然而然中学习，不教条，把教育生活化，把生活教育化。教师在课程中把方案教学法和鹰架教学法相结合，把来自幼儿的构想通过材料支持、口语、肢体、艺术创作、生活实践等形式，让幼儿尽情体验，成为他们的经验，我们知道知识不一定包含经验，但经验一定包含知识。

3. 微型课程活动中建立良好的师生关系，促进师幼互动

微型课程拉近了师生之间的距离，使教师更容易走进幼儿心灵，教师随着观察能力的提升，能更清楚地看到幼儿的活动状态，学会从他们的思维和立场去看待一切，促使幼儿充分表现潜能、发挥个性，同时也促进教师的个人发展。

4. 微型课程改变教师观察视角，走进儿童的世界

随着微型课程的开展，教师们的观察视角有了明显的转变，教育理念也在渐渐改变。以前教师们的观察往往停留在幼儿活动的表象上，现在教师们不仅能及时、准确记录下幼儿活动的表象，还能对其进行深入分析，幼儿的兴趣一点一点都出现在教师们的眼中，教育契机孕育而生，并能及时提供材料支持幼儿主动探索。他们能更加尊重幼儿，尊重幼儿的学习兴趣，这样才能走进儿童的世界。

5. 为幼儿提供可控制的学习过程

"主动"并不意味着放任自由，而是通过一定的学习程序、按照自己的意愿主动控制学习的过程。制订计划、执行计划、预测结果、交流与表达等程序，不仅预期着幼儿在活动中认知与行为的变化，制约着幼儿的选择性注意，对随后的学习活动起着引导作用，而且帮助幼儿逐步学会控制自己的行为，学会控制环境刺激，让幼儿对自己感兴趣的活动负起学习的责任。

6. 帮助幼儿获得成功体验，提高自我效能感

微型课程帮助幼儿主动学习，使他们感受到成功和发展的快乐，使他们从学习活动的本身获得学习的推动力。因此，在幼儿的探索与学习中，教师的支持促使其计划的活动得以成功，并和同伴分享这一过程和结果，使幼儿获得成功性体验，从而获得自信、求学的精神，使他们真正成为学习的主人。

7. 激发教师探索课程开展的热情，提升教师的教学能力

在开展微型课程的过程中，教师们开始脱离教参，真正地从幼儿的一日生活中发现教育的契机，每一天都有新的发现和新的教育活动开展，不再墨守成规，教师们的主动性和积极性被调动起来，教师之间关于课程的研讨话题也越来越追求实效，大大地提升了教师的教学能力，向研究型教师发展。

8. 家长参与教学，更支持班级及幼儿园工作

随着微型课程的推进，家长们感受到幼儿的探索精神和求知欲望与日俱增，了解了幼儿园的教学方式和理念，也主动参与到教学中来，为课程推进联系参访场所，担任微型课程助教等，使得家园教育观念一致，极大地促进了幼儿学习能力和学习品质的提升。

四、微型课程开展中获得的经验

微型课程VS我们过去的教学活动表

项目	过去的教学活动	微型课程
活动	教师预设多	追随幼儿兴趣需要
教师角色	引导者	支持者
幼儿角色	接受者	探索者
学习目标	明确	随幼儿的游戏不断地延伸
选择性	选择性小	选择性大
时间	延续性有限	灵活可变，具有可持续性
参与程度	被动	积极主动
个别关注程度	低	高
策略	讲授后再探索	自主探索
自由度	限制大	自律性自由
灵活性	固定课程表	个别人的课程表
评价	统一标准	因人而异
能力培养	不够	较好

通过对比，我们发现微型课程是符合幼儿现在发展需要的。微型课程在实施的过程中灵活，有针对性，选择性大，能更好地关注到个别幼儿，促进幼儿在游戏中更自主探索。通过对比，我们觉得微型课程是追随幼儿的兴趣的，是促进教师发现幼儿学习机会的途径，能帮助幼儿开展递进式探索，从而达到深度学习的有效课程。

五、微型课程中教师备课

先备幼儿，在观察的基础上，再来备材料，支持幼儿主动探索并深度学习。

1.备幼儿

在幼儿做计划的时候，教师就要开始做到心中有数：哪个幼儿今天的计划比较特别（例如，有新的游戏内容，新材料的使用，等等，教师也要提前准备用何种方式观察幼儿），或者今天我要特别观察哪个区的幼儿，又或者是某个幼儿等，这样教师才能有目的的观察。

2. 教师观察

观察的时候教师就要明确：我今天观察的是幼儿哪方面的经验？在这里我们可以用海森高评价体系中的8大领域58项指标，也可以用《3—6岁儿童发展和学习指南》的5大领域11项发展，如幼儿的学习品质、解决问题能力、解决冲突的能力、科学领域、艺术领域、健康领域等。

3. 备材料

通过观察，教师要明确游戏中的材料是否能支持幼儿主动探索，如果游戏进行不下去了，是因为材料太多还是材料不够？还是材料找不到？在游戏结束的分享活动中，教师就要听取幼儿的意见，进行相应的调整。

4. 支持主动探索

在游戏的过程中，如果幼儿在主动探索时，教师应该及时给予肯定，尤其是在分享活动中，要及时在集体中肯定幼儿的主动探索行为。如果幼儿提出需要教师提供材料或支持帮助的时候，也应及时给予回应，或带着幼儿一起找，或鼓励幼儿请同伴帮忙。

5. 深度学习

教师发现幼儿有感兴趣并愿意主动探索的"工作"时，应沿着幼儿的兴趣有计划地投放相应的材料，如照片、图书等，并预设一些相应的活动帮助幼儿开展深入学习，如提供一些视频、参观访问、家长助教等辅助手段。

微型课程虽然还不成熟，但仍然行进在探索课程发展和完善的路上，我们用幼教人炙热的激情和勇于开拓的精神，不忘初心，砥砺前行。

总之，作为教师，我们要理解幼儿的愿望，理解幼儿的爱好，理解幼儿的行动，理解幼儿的感受与体验，理解当下的一切对于他们当下生活的意义。

六、微型课例

中间的秘密
——规则物体的中心与重心

罗选
2016.11.30

活动来源：区域自主活动

计划—活动—反馈思路下的评价
体系

右图中这个女孩"甜甜"，连续几天来都一个人在益智区玩平衡游戏，在分享中她讲述了自己在玩平衡游戏过程中的有趣体验。其他小朋友表示很感兴趣。

于是，在做计划的时候，借鉴了这个点子，用搭"天平"这个有趣的方式来确定做计划的顺序。

玩，是挑战的动力

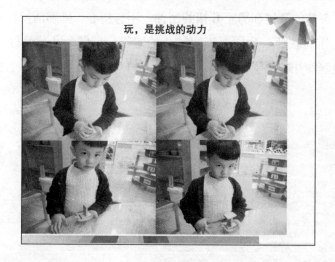

玩，是挑战的动力

◆ 上面的小朋友在做什么？

在手上用图案多米诺骨牌搭建天平。

◆ 这样搭，难吗？

对于小朋友来说，他们的精细动作和平衡感觉尚未发育完全，加上有的小朋友看到别人成功了，比较着急和浮躁，所以相对来说是比较困难的。

◆ 这么难，他们还愿意挑战吗？

当然愿意，并且还会想各种办法去克服。因为他们的搭建的动机水平是很强的，先搭建好就可以先选择自主游戏。

观察：上面的小木块什么地方接触立柱才能更稳？

看到他成功后的喜悦，我问他想不想学习这种快速的方法，他很高兴的答应了。为了便于操作，我和他来到益智区取出一筐长条形木块，按照之前的方法很快就搭好了两种不同的"天平"。

猜猜我在找什么

我继续追问："那你知道横着的这块木块的中间在哪吗？"听到我这么说，他拿起横在上面的木块仔细地找了起来。

找了一会儿，他把那个他认为是中间的地方指给我看，我提出这是用眼睛观察到的大致位置，不一定准确，有没有什么好的办法能够比较准确地找到木块的中间位置？

第二章 脚踏实地

第一个办法

　　他将自己的两只小手手指并列捂住了木块，两只小手的小手指刚好与木块的两端对齐，他说这样就可以找到中啦！

　　他的手动不了，但他用眼神指引我这个位置，哦，原来他指的是两只手的大拇指交接处就是中间，我赶紧找来一支笔为他做了标记。

展示与试验

展示他找到的中间位置　　　　试验他的中间线是否正确

第二个办法，你想到了吗

　　我问他："还有没有其他办法能够找到这个木块的中间点呢？"他想了想，又拿出两块积木摆在一块积木的两端，然后把竖着的两块另外一头靠拢，就形成了一个"等腰三角形"，他告诉我"两块积木的交接处就是中间了"。

你的脑洞开了吗？？？

我又给他出难题："可是这个尖角不在横着的木块上，怎样才能标记在上面呢？"他想了想，又拿出一块木块一头靠着尖角，另外一头"垂直"放在横着的木块上，然后就指出竖放和横放的木块交接处就是中间了。

中间点的确定利用了等腰三角形的中线与高重合的原理，将角这个点通过中线"迁移"到横线上又利用了两点共线的原理。你还记得吗？不记得没关系，他教你。

？？？
还有哪些办法能够找到木头的中间点

在他们玩和讨论的过程中，又有小朋友找到了新的办法，你们打到了木块的替代物，木块不可以对折，但可以找能对折的和木块一样长的东西来比较。

于是他们找到了毛根，剪成木块一样长，然后对折后对齐放在木块的一头，这样，毛根对折后的长度就是木块的一半了。

第二章 脚踏实地

机会和可能性

在这个过程中，他们很好地进行了思维的迁移，他们创造性和发展的可能性是不可估量的。

由此，我也决定将寻找中点作为重点微课题准备和大家一起分享探讨，也希望将小朋友自己独特的想法分享给大家，相信每个孩子都有无限发展的可能性。

我的几点思考及启示

◆ 微课资源的内容构成不能简单随意、实用性低效。

◆ 着力一个点，把微课内容进行聚焦、整合、深加工（比如中间点的寻找就很具体）。

◆ 幼儿园课程模式的特点要求微课立足于学科"知能点"（知识、技能、情感），而不是单纯的"知识点"。
（不限于传授教材的知识点内容，更要注重培养孩子的各种技能、培养意志品格、情感熏陶、促进问题解决。）

◆ 结合具体的教学要素和环节来设计和开发微课。

◆ 差异化指导和教学。

（珠海香洲教育幼儿园　苏颖）

观察，还是观察

AH-HA课程中的观察与评价

美国评价标准联合委员会认为："教育评价是对教育目标优缺点与价值判断的系统调查，为教育决策提供依据的过程。"在朱小艳园长工作室，大家学习了歌德观察法、学习故事、自主性观察记录等，这些观察评价方式相似，立足于幼儿的发展评价。而我园的AH-HA课程中，评价注重幼儿成长发展的动态过程，关注幼儿的学习痕迹，强调在真实情境中对幼儿进行评价。在AH-HA课程中，评价是一个既有描述又有判断并为决策提供服务的过程，评价是教师为做出支持孩子"灵光一闪"的教育决策而收集和使用信息。因此，评价是收集有关课程实施全过程及其成果的资料，为教师鹰架和课程决策提供信息的全过程。

观察和评价是常模式参照评价与目标参照评价相结合的策略。AH-HA课程中教师的教育行为经历观察—决策—行为而产生。决策是教师对教育观察进行意义和价值判断后做出的。教师通过观察评测幼儿目前的发展阶段，并预测下一步的发展阶段，进一步支持孩子的"灵光一闪"。教师对幼儿的观察包括自然感知和有目的观察相结合。观察和评价策略强调对当下的、实时的、具体的情境下的幼儿行为进行，注重对幼儿行为的解读，教师识别和判断幼儿的最近发展区，为幼儿提供及时的鹰架，随时为幼儿AH-HA时刻的来临提供专业支持。

以中班小葡萄小朋友为例，老师每月都会从八大领域对其进行观察，并选取代表性的事件进行记录，分析孩子的发展水平，并给予相应的支持。学期末时，老师会依据每月观察的数据，来书写孩子的发展评估报告，并制订下一步的支持策略。

日常观察记录

学习方法领域Approaches to Learning

时间Observation Time：2018年9月11日

观察者Observer：李苑瑜

回顾时间，老师出示教室地图，引导小朋友们在地图上圈出"工作"时间里去过的区域，接着开始分享在"工作"时间里所发生的事情。小葡萄圈完后说："我穿了粉色的厨师服在小美餐厅当厨师，我给客人（希希老师）做了美味的食物，有鸡蛋、苹果还有炒饭，做好了就端给希希老师吃。"

回顾是比简单的回忆更高级的能力，因为回顾时需要基于大脑的分析，当幼儿逐渐能够形成大脑记忆图像时，他们可以回忆起更长时间段以前的事情。小葡萄现阶段能够回忆起三件她做过的事情，能够把细节描述出来。下一步，我们可以引导小葡萄按照事情发生的顺序进行回忆。

社会情感发展Social and Emotional Development

时间Observation Time：2018年9月14日

观察者Observer：李苑瑜

晨会时间，老师和小朋友们分享了有关台风"山竹"的消息，小葡萄就说有点可怕。老师问她为什么怕，小葡萄就说因为风很大，会把东西都吹走。老师就引导小朋友们学会如何避险和台风来临前该做些什么：第一，要多关注台风的消息；第二，在家中锁好门窗，并将阳台的物品也搬到室内；第三，尽量避免外出；第四，准备一些食品和应急用具，如蜡烛、手电筒等。介绍完后，小葡萄紧张的情绪得到了缓解。

对自己感受的觉察和理解不仅能够帮助他们觉察和理解自己的感受，也能帮助他们觉察和理解其他幼儿的感受。小葡萄会用语言来表达自己当下的情绪，也可以说出产生这种情绪的原因。下一步，我们可以引导小葡萄用更丰富的词汇并更加精确地表达自己的情绪。

语言、读写和交流Language，Literacy，and Communication

时间Observation Time：2018年9月30日

观察者Observer：李苑瑜

工作时间，小葡萄介绍自己的"牙齿的秘密"调查问卷表，根据调查表里记录的文字说："这里写着28颗牙齿，我一共只有20颗，是因为我画牙齿的时候不小心画多了，上面画了14颗，下面也画了14颗，一共就28颗牙齿了。"接着又介绍自己口腔的基本情况：没有龋齿，没有掉牙，没有补过牙，在家用牙刷、牙膏和水杯刷牙，早上和晚上都会刷牙。

小葡萄现阶段能读出许多字，如班级小朋友的姓名及其他熟悉的文字。下一步可以让小葡萄尝试阅读一行文字，读出不同的单词，并用字母发音（字母发音原则）、图片线索（视觉内容）、语言规则（语法）或词汇（语义推断出新单词来阅读）。

身体发展与健康Physical Development and Health

时间Observation Time：2018年9月25日

观察者Observer：李苑瑜

陶艺活动时间，老师向小朋友们示范如何制作毛毛虫，接着就让小朋友们自己动手操作。小葡萄拿到陶泥后，首先取出一团陶泥搓成圆形，接着在桌上拍两下，再翻一面拍两下做成底板，然后用陶泥搓出几个小圆做成毛毛虫的身体，用剩下的陶泥做毛毛虫的头、眼睛、嘴巴和触角，最后小葡萄做出了三条毛毛虫（爸爸、妈妈和宝宝）。

通过弯曲自己的手指抓住物体，然后以各种方式摆弄物品的方式，幼儿的小肌肉得到锻炼，幼儿的力气、灵活性和手眼协调能力也会增强。小葡萄现阶段可以灵巧精确地控制自己的小肌肉，如将毛毛虫的身体搓得圆圆的。下一步可以让小葡萄尝试用小手画出一些字母、数字或封闭的图形。

创造性艺术Creative Arts

时间Observation Time：2018年10月9日

观察者Observer：李苑瑜

今天的美术课是要小朋友们两两合作制作图腾。谢老师请小朋友们找好要合作的伙伴并请他们坐在一起，接着出示图腾的照片，请小朋友们欣赏不同图腾的图片，欣赏与讲解完后，小朋友们就开始一起合作制作图腾。小葡萄和晴晴先用各种颜色的超轻黏土粘在瓶身上，然后再用雪花泥捏出不同的图案当作图腾。制作期间，小葡萄和老师介绍说她用了黑色的黏土给图腾做头发和眼睛，还给图腾做了彩虹色的裙子。

小葡萄可以创造出简单并且有细节的作品。接下来，可以鼓励小葡萄在生活中细心观察、体验，为艺术活动积累经验与素材。同时，还要鼓励她把观察到的细节以她喜欢的方式呈现在作品当中。

数学Mathwematics

时间Observation Time：2018年10月18日

观察者Observer：李苑瑜

今天小组活动时间是拼图形，孩子们根据观察老师提供的图案，然后将所给的图形进行组合，重现纸上的图案。小葡萄拿到的是兔子图案，她最先观察兔子的身体有哪些图形组成，有菱形、圆形和半圆形，接着开始自己组合图形。小葡萄找到兔子的身体（半圆），然后是兔子的头（圆形），最后拼兔子的耳朵和尾巴。小葡萄拼图的顺序是从中心到四周，从兔子的身体到头，再到耳朵和尾巴。

小葡萄可以利用简单的几何图形进行组合。接下来，可以给小葡萄提供一些由简单的几何图形构成的玩具，让她进一步探索图形之间的组合与拆分。

科学与技术Science and Technology

时间Observation Time：2018年11月7日

观察者Observer：李苑瑜

今天下午的小组活动是探究磁铁的朋友。桌面上摆放了白纸、平底锅、铁夹子、塑料盘的实验材料。小朋友们需要猜测哪些材料能跟姓名磁铁吸在一起。小葡萄先对白纸进行试验，她发现两个物体立马就分开了，然后又拿起小夹子，发现这两个物体立马就黏在一起了，并拿给老师看她的实验结果。实验结束，小葡萄发现铁夹子和平底锅能够和姓名磁铁吸附在一起。

小葡萄能够对活动结果进行预测，然后通过实验验证其结果是否正确。接下来，我们可以引导小葡萄解释和推理实验为什么会出现这样的结果。支持并引导小葡萄用适宜的方法去探究和解决问题。

社会性学习Social Studies

时间Observation Time：2018年11月8日

观察者Observer：李苑瑜

下午茶时间，赖老师为小朋友们报餐，介绍今天的下午茶点心，并提醒小朋友可以根据自己的喜好还有食量来取餐。轮到小葡萄的时候，小葡萄可以较为熟练地运用夹子给自己取餐，并且知道自己吃多少。收餐的时候，小葡萄的盘子里都是很干净的。

小葡萄能够在老师的提醒下根据自己的食量取餐，并且吃完，做到节约粮食不浪费。接下来，我们可以跟小葡萄一起了解其他的社会行为规则，如保护环境和一些中华民族的传统美德，引导小葡萄遵守社会行为规则和弘扬传统美德。

（珠海市横琴中心幼儿园　胡亚敏）

做一个优秀的"园丁"

——五洲幼儿园运用高瞻观察法的一点体会

正如苏霍姆林斯基说过："观察对于儿童之必不可少，正如阳光、空气、水分对于植物之必不可少一样。在这里，观察是智慧最重要的能源。"我们了解儿童是教育的前提，而观察则是了解儿童的前提，是研究的基础与依据的来源之一。

我园在H&S园本融合课程的开展中，采用轶事记录法、学习故事法等，借助录像、拍照等辅助手段，用记录的方式有目的地对儿童自然状态下的行为表现进行观察、记录，获取事实材料并加以分析，从而获得对儿童的了解与深入认识，了解每个儿童的不同特点，目前已具备的经验处在怎样的行为发展水平，他们缺乏什么经验，需要教师怎样的指导等。通过分析所记录的、系统的观察信息，教师重新听、重新看、重新理解和发现儿童、倾听儿童、解读并理解儿童。

例如：孩子们在教室里会学小狗"汪汪叫"，还会阶段性地学习"奥特曼""警察""光头强"等。面对这些行为时，以往的老师通常采取的策略要么是"视而不见"，希望自己不关注孩子的行为使其自然消失；要么会告诉幼儿"这样的行为在班级中不可以做"。但似乎这两个办法都没那么有效，通过对幼儿行为进行有意识的观察，我们会发现：幼儿的行为一定限度上告诉成人他们的兴趣、需求和想法。此时，教室中充满了学习的机会，我们可以将观察到的幼儿行为与课程内容（KDIS/COR）相结合，生成适合幼儿的独一无二的课程内容。当我们观察并分析孩子制造"麻烦"行为背后的学习机会，关注到孩子的兴趣点并展开活动，其"消极"行为会被弱化，"麻烦"迎刃而解。所以，我园教师借鉴使用高瞻教学的心法之一，便是将幼儿的兴趣与课程内容结合，生成适合的课程。

高瞻教育指导我们通过以下步骤来实施：

第一步：轶事记录或观察幼儿。

第二步：分解幼儿兴趣。

第三步：将幼儿兴趣与课程内容结合。

第四步：实践与反思。

关于分解幼儿兴趣，教师需要仔细思考，并结合自己的观察。例如：幼儿在地上爬，学"汪汪队"中的角色，并发出"汪汪，出发"的指令。由此我们可以剖析出幼儿的多个兴趣：幼儿对爬行有兴趣，幼儿对汪汪队有兴趣，幼儿对狗狗角色有兴趣等。我们可借鉴使用高瞻推荐的生成课程的思路。

幼儿兴趣观察表

幼儿兴趣	课程内容	一日常规环节	内容
在地上爬	KDI 16.肢体运动技能	大组时间	所有幼儿和成人感受爬行的乐趣并锻炼大肢体与身体协调性
在地上爬	KDI 18.身体意识 KDI 35.空间意识	大组时间	每个幼儿有自己的一块小毯子，如何能够把身体放在该空间内并且跟随领导者的指令做动作
狗的形象	KDI 40.艺术 KDI 50.交流想法	小组时间	提供毛根（扭扭棒）、橡皮泥、皱纹纸、彩纸、卡纸等材料，鼓励幼儿创造自己喜欢的狗狗形象

幼儿兴趣	课程内容	一日常规环节	内容
狗的形象	KDI 51.自然与物质世界 KDI 22.口头表达	小组时间	教师通过绘本的方式简单介绍世界上不同的狗狗类型，并鼓励幼儿制作出自己喜欢的狗狗类型。教师可以提供不同类型狗狗的照片、模型等供幼儿描述和操作。教师在幼儿之间行走，标识描述幼儿的动作，并提少量开放式问题
"汪汪队"主题歌	KDI 41.音乐 KDI 42.动作	大组时间	教师与幼儿一起唱"汪汪队"主题歌，并在有动作的时候暂停，与幼儿分享控制他们想做的动作；教师同时可以邀请幼儿用"勇敢""坚定""有信心"等方式把主题曲唱出来
	KD I9.情感	清理时间	教师播放"汪汪队"主题歌，提醒幼儿目前是清理时间，并与幼儿开展"我看见……"的游戏。教师说："我看见积木区有积木，请喜欢××狗的幼儿前往清理"
"汪汪队"中的形象	KDI 39.数据分析	晨间信息	统计喜欢每个角色的幼儿人数，并用数字、表格或是饼图方式予以呈现
		过渡时间	喜欢某个角色的幼儿先去过渡

从上表可见，教师通过观察幼儿的兴趣，并用兴趣分解、兴趣与课程内容结合的方式生成大量本班幼儿感兴趣的一日活动。我们要特别注意的是，教师除了要生成小组活动、大组活动、问候时间（晨间信息板）外，更要考虑到生活环节、过渡环节和清理环节等易于忽略但又格外重要的环节。

我园借鉴使用高瞻课程评价体系中的儿童观察评价量表（COR）来对幼儿进行观察与研究。量表从8个领域、31个评估项内容，每个评估项涵盖有8个级别，评级从0级（最初发展级别）到7级（最高发展级别）。教师们根据这31个评估项对班级的每个幼儿进行各领域、持续性的观察，无论是晨间活动时间、大小组活动时间、户外活动时间等都是教师对幼儿的观察时间，也就是说从孩子踏入幼儿园的那一刻，教师就开始了对幼儿的观察。

教师通过白描式的形式，将所观察幼儿的行为和语言客观地记录下来，同时教师会根据轶事记录的内容来分析和确定该轶事记录是属于哪个领域、哪个评级项，幼儿现在达到了哪一个发展级别。随后，教师会根据幼儿的发展级

第二章 脚踏实地

别制订有效地支持策略，通过运用支持策略帮助幼儿提升经验，提高幼儿的发展水平，帮助幼儿从当前的发展级别提升到下一个更高的发展级别。最后，教师根据师幼互动时的对话、幼儿得到支持以及鹰架后幼儿的表现，再进行反思并分析策略的有效性，同时根据效果再一次调整支持策略。

通过对全班每个孩子进行8个领域31项评估项的持续性观察，最后运用高瞻课程评价体系中儿童观察评价量表（COR）对幼儿每个领域进行评估和总结。而评价量表的使用，不但提升了其观察能力，更促进了教师的专业水平的发展，并且对幼儿的发展水平的判定也越来越准确，也更加了解本班幼儿的现有发展水平和他们的需求，在师幼互动策略上运用得更加自如、准确、有效。我园幼儿无论在主动学习能力方面、社会交往方面、语言交流方面、身体发育和健康方面还是在创造性艺术和数学方面的发展水平都有了很大的提升。

我们的老师发现，无论孩子的行为是令人"头痛"的还是令人"捧腹"的，都可以将其视为幼儿兴趣，将其与课程内容结合，生成符合幼儿发展、遵循幼儿兴趣的课程。这一切都源于对孩子进行有效的观察，发现幼儿的兴趣并生成教育活动，把一日常规的每个环节视为教育机会，与幼儿一起成长，成为一位有作为的教师。

（珠海市香洲区五洲幼儿园　刘慧）

附：

关于园本课程的小结

"园本"和"课程"的"桥梁"是：基于现场的自然观察来建构幼儿教师的发展知识。这样的思路能真正做到以儿童发展为中心，并且突显和强化了幼儿教师的核心专业能力（观察理解）。实际上，当一位教师能立足真实的教育情境和现场的观察，来自我构建具有高度实践性和情境性的儿童发展知识，并且通过这样的观察和过程，来有效指导孩子的学习，这就是我们对园本课程的实践。

三人行，必有我师

携手共进促成长

启动仪式

广东省朱小艳名园长工作室启动

为创新我省中小学、幼儿园骨干教师、校长、园长培训模式，打造高素质专业化教师及园长队伍，不断提升我省教育教学质量，广东省教育厅在省内众多名校长、名园长与名教师当中遴选出一批先进的代表，成立工作室。作为珠海市入选本轮幼儿园类别的名园长、名教师，来自珠海市香洲教育幼儿园的朱小艳园长和光明幼儿园的唐雪梅副园长于2018年9月28日上午在珠海市香洲教育幼儿园共同举办了隆重的工作室启动仪式。

珠海市委教育工委委员、市教育局调研员陈智霖先生、珠海市教育局师资科科长蒋明英女士、香洲区教育科研培训中心副主任杨长江先生和珠海市教育研究中心学前教研员冯军先生等均出席了本次仪式。启动仪式不仅得到了市、区教育局领导的支持与关注，还得到了珠海市以及中山市多名幼教同行的亲临祝贺。

启动仪式上，主持人介绍了工作室组成成员的情况，向大家展示了工作室团队的风采和凝聚力。

作为学员代表，珠海市三灶镇第二中心幼儿园的曾颖园长和阳江市第一幼儿园的徐达娴副园长上台发言，她们均表示希望借助工作室学习、交流和研讨的平台，集名园长工作室团队的智慧，提升自身的业务能力，力求进一步发展。

紧接着，工作室主持人——朱小艳园长发表了她对工作室成立的感言。

除了对多年来一直培养她、支持她的人们表示感恩外，她还提出，作为一位优秀的园长，在践行教育理想的道路上，一定要信任、包容、坚韧；要乐观、自信、有远见；还要踏实、创新、肯钻研，既要做最好的自己，也要带好自己的团队！朱园长那"一花独放不是春，万紫千红春满园"的管理理念深深感染了在场的每一位园长及教师。

随后，珠海市委教育工委委员、市教育局调研员陈智霖先生为本场仪式致辞。发言中，他表示这两个工作室的成立是珠海市学前教育界的骄傲，并指出工作室接下来的工作任重而道远，希望工作室在主持人的带领下，能够脚踏实地，充分发挥示范、引领和辐射作用，大胆工作，开拓创新，培养出更多的名园长、名教师，为进一步推动珠海市学前教育事业的优质发展做出积极的贡献。

本场仪式中最激动人心的环节便是市、区教育局领导、嘉宾上台与两位工作室主持人为工作室揭牌。沉重的牌匾既是对主持人的肯定又是对工作室未来三年的期盼。

广东省朱小艳名园长工作室的正式启动，标志着工作室主持人将积极组织开展工作室活动和教育教学研究，不断总结教育管理与教学经验，探索并建立名园长、名教师培养机制。同时，工作室将面向全国招募网络学员，这也标志着会有更多的幼儿园能够共享优质资源，标志着我们学前教育的明天会更精彩、更辉煌！

（珠海香洲教育幼儿园　罗选）

启动仪式

研修学习

专业引领　携手同行
——广东省朱小艳名园长工作室首次研修活动报道

金秋九月，丹桂飘香。2018年9月28日下午，来自广东阳春、阳江以及珠海香洲、金湾、斗门的5位园长齐聚珠海市香洲教育幼儿园，共同见证了隆重的广东省朱小艳名园长工作室启动仪式，开启了翘首以盼的工作室首次研修之旅。

一、机制规范促发展

2018年9月29日上午，在工作室成员进行简短的自我介绍之后，朱园长首先带领工作室成员共同学习了《中小学幼儿园教师、校（园）长省级培养培训及保障能力建设项目经费管理的暂行办法》，接着对《朱小艳省名园长工作室三年发展规划》进行了详细解读。

对《朱小艳省名园长工作室三年发展规划》进行解读

"让自己变得更好，让身边的人变得更好！"是朱小艳省名园长工作室的宗旨，正是这样一句朴实无华的话语让成员们倍感亲切，也让成员们真切感受到朱园长脚踏实地做实事的敬业精神与态度。工作室的目标"理念提升共科研，专业引领促成长，园本研修树品牌，帮扶薄弱显情怀"更让大家深切感受到了一份来自专业的力量与智慧，也为朱园长的这一份教育情怀而感恩。最后，通过对工作室阶段目标与考核内容的解读，让大家更加明确了未来三年的工作方向。我们相信：在规范的机制保障与朱园长的专业引领下，工作室的目标一定能够实现！

二、园所观摩开眼界

9月29日下午，工作室成员在朱园长的带领下，先后前往珠海市香洲教育幼儿园的两所分园：珠海市英利教育幼儿园和珠海市香洲区五洲教育幼儿园参访。珠海市香洲区英利教育幼儿园是一所由英利教育集团创办并委托香洲教育幼儿园管理的民办高端幼儿园，在管园长的带领下，工作室成员先参观了幼儿园的硬件环境——装修高雅、以儿童绘本为主线的环境创设给大家留下了深刻的印象。接着，管园长在会议室为大家介绍了幼儿园的招生、办园理念和课程设置等基本情况。随后，工作室成员还与管园长进行了深入交流。

下午4时许，工作室成员又来到珠海市香洲区五洲教育幼儿园，在刘园长的带领下，大家参观了户外活动场地、功能室、班级课室等场所，幼儿园温馨雅致、师幼共建的生态环境让大家如孩子般流连忘返。参观结束后，工作室成员又来到四楼小会议室聆听刘园长对幼儿园的介绍。珠海市香洲区五洲教育幼儿园作为一所民办公助的普惠性幼儿园，在开园三年来，先后通过规范化、区一级、市一级、市安全校园、市绿色校园的评估验收工作，并以理念先进、目标明确、精细管理、特色鲜明得到家长、社会及同行的一致认同，并多次接待国内多省市的幼教同行来园观摩学习。听完刘园长的介绍，学员们纷纷表示受益匪浅，特别是在新园筹建、新园师资培训、园本课程建设等方面都受到新的启发。

三、读书分享促成长

为了更深入地进行教育教学研讨，9月30日上午，朱园长工作室的成员齐聚香洲教育幼儿园，在唐家湾中心幼儿园陈园长的带领下，共同就《0—8岁儿童纪律教育》的第四、五、六章进行了读书分享。

工作室成员合影

"儿童出现的不适宜行为是不适宜的课程和教育导致的。"陈园长在读书会开篇提出的这个观点，引发了大家的共鸣，随后读书会上就《创设能预防纪律问题的环境》《设计可以预防纪律问题的课程》《通过榜样教导可取的行为》进行了深入浅出的讨论。什么样的课程才是出于儿童本位思考的？什么样的活动才是适应儿童需要的？一个接一个的问题引发了大家的深思，老师们踊跃发言，真诚交流。读书会后，工作室的成员们还就本次活动进行了分享，"转变观念""以身作则""榜样作用"成为本次分享的关键词。

最后，朱园长也为本次读书会活动进行了总结：希望通过这样的活动促进工作室成员的成长，迈进新的台阶。同时，工作室将坚持汇聚群英智慧，鼓励成员勤学习、深研讨，优化管理行为，提升管理能力。

短短的三天研修活动在大家激烈的脑力激荡中落下帷幕。感恩遇见，感恩遇见专业、智慧的领头人，感恩遇见志同道合、携手同行的幼教同行！因为有了这"遇见"，那条"让自己变得更好，让身边的人变得更好"的道路才会在我们的脚下散发着浓浓的稻花香，引领我们不断前进，不断收获，不断成长！

（珠海市香洲区五洲幼儿园　张清华）

第三章　三人行，必有我师

引领发展　共促成长

——广东省朱小艳名园长工作室首次研修活动心得

2018年9月28—30日，我参加了广东省朱小艳名园长工作室启动仪式及首次研修活动。很荣幸成为朱小艳名园长工作室的一名学员，这给我的个人专业成长和提高个人的管理水平提供了更好的条件，我可以借助"名园长工作室"这个平台学习到更多的知识和经验。

回想起工作室启动仪式及研修活动的那几天，朱小艳园长亲切的笑容和工作室成员们热情高涨的学习氛围，让我感到这样的机会无比珍贵！

这次的研修活动安排紧密有序，从广东省朱小艳名园长工作室启动仪式到南山幼儿园参加"教育·南山"一体化联盟园"我的选择我坚持"师德演讲比赛，再到朱小艳园长给我们学习工作室手册的内容，到珠海五洲教育幼儿园、珠海英利教育幼儿园实地参观交流，以及参加《0—8岁儿童纪律教育》读书分享会，这些都让我眼界大开，受益匪浅。每到一处我都认真记录，仔细聆听，用照片留下了宝贵的第一手资料。非常感谢朱小艳名园长工作室给予我这次学习的机会，我也会好好地把握这次难得的学习机会，希望在朱小艳名园长工作室的指导帮助下有所收获，下面谈谈我在研修学习中的几点感悟。

第一，在管理幼儿园方面，需要学习朱小艳园长先进的管理经验和学习珠海香洲教育幼儿园的管理模式，并对照本园实际，制订出适合我园的管理方法，以提高我园的管理水平。期望在朱小艳园长的引领下，不断提高自己的理论水平和理论素养。在向名园长、同行的学习、交流过程中，提升自己的业务水平，以为幼儿园可持续发展以及更好的服务孩子提供支撑和保障。

第二，希望借助珠海市香洲教育幼儿园良好的校园文化建设经验，完善我园的文化建设，从而为师幼开展丰富多彩的寓教于文、寓教于乐的教育活动提供重要的阵地，使师幼在求知、求美、求乐中受到潜移默化的启迪和教育。

第三，大型活动的组织一直是我园重视的工作，如每年开展的亲子活动、小手拉大手、献爱心义卖活动、冬季运动会等活动。虽然每次活动家长都满意，但我们还是想将活动做得更有内涵、更有影响力。因此，衷心地希望学习珠海香洲教育幼儿园大型活动是如何策划、如何组织实施的。

本次研修学习使我受益良多——千里之行，始于足下。感谢工作室给我提供的学习机会！相信未来三年在工作室主持人朱小艳园长的带领下，我将持续加强个人专业素养的学习与提升，及时梳理总结经验，保持幼育人的初心，路会越走越宽！我将会认真努力地向朱小艳园长和同行多学习和多交流，以加快成长的步伐。

（阳春市教育实验幼儿园　蔡在媚）

读书会—— 一场美的邂逅
——广东省朱小艳名园长工作室首次研修活动心得

读书会，这是我在朱小艳名园长工作室这三天里一场美的邂逅。

如何成长为一位专业型、研究型的教师？唯有终生学习才成。但如何学习是一个大学问，朱小艳名园长工作室的读书会活动给了我一个大大的惊喜，让我的专业学习又多了一个有效的途径和方向。

朱小艳园长工作室的读书会，首先锁定一系列有关幼教专业发展的书籍；其次，给工作室学员派发学习分享任务，根据大家的知识经验来做一次有关本书学习观点的分享。这样的分享会形式多样，活泼有趣。有讲座，有朗读，有游戏，有分组脑力激荡……从听讲解到分享活动，以及知识点分析、不断地由他人提醒到自我认知的觉醒，再到内化于心后的行动自觉吸收，这个收获是巨大的。

我参与的这次分享来自我的师姐、我的榜样敏敏园长的分享。她幽默睿智的风格，清晰严谨的讲解思路，把我们带入《0—8岁儿童纪律教育》中第四至六章：创设能预防纪律问题的环境、设计可以预防纪律问题的课程、通过榜样教导可取行为这几个关键问题进行积极有效的分享和讨论。在此，我也想谈谈自己的感悟。

一、创设能预防纪律问题的环境

一些人认为纪律教育就是当错误行为发生时的反应过程。我们主张前瞻性的纪律教育法，即在问题发生前就阻止它。你也许参观过这样一间教室或参加过这样的生日聚会，室内的东西如此整洁，让你羡慕这个成人竟然拥有一群如此行为端正的孩子，即使这些孩子很可能都是普通孩子，但精心准备的环境培养了他们的合作与积极的互动。比起简单地回应所发生的错误行为，设计一个环境以促进儿童的主动性和避免行为问题是一种复杂得多的纪律教育方法。

我们都知道，身体发育包括看、听、营养、休息、锻炼、平衡、感官意识以及大小肌肉等；智力则包含好奇心、推测、试验、解决问题、记忆以及创造力；情感则主要关注自我感觉和个人同一性（如种族、性别、地区、宗教等），以及通过体能、展现天赋和成绩来获得个人成就感；社会性发展是从情感中分离出来的，两者之间存在着联系，诸如分享、领导、应变、移情、妥协以及同情等技能都是社会性发展的一部分。

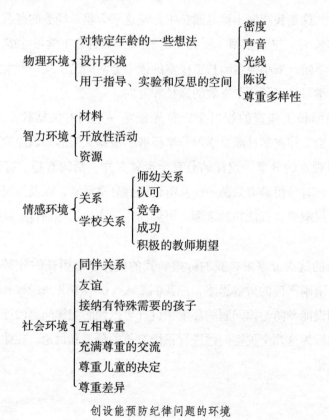

创设能预防纪律问题的环境

二、设计可以预防纪律问题的课程

课堂管理是为了避免纪律问题而不是惩罚行为，这样有助于儿童发展对学习的热爱并成为对社会有积极贡献的一员。儿童出现的不适宜行为常常是不适宜的课程和教育导致的。当课程目标和教育方法适合幼儿发展时，幼儿在学校能更加配合。因此，教师的期望和教学方法必须符合儿童的成熟水平。强迫儿童去完成教师无法达到的期望或采用效率低下的教学策略来学习，会导致儿童认为他们在学习方面欠佳。

让学习有意义
- 关系的重要性
- 相关兴趣
- 整合课程——关联课程
- 真实经验与真实材料
- 积极学习
- 游戏的规则
- 明智地使用时间
- 三种知识

组织策略
- 一份好的时间表特征
- 集体活动
- 和家庭合作

设计可以预防纪律问题的课程

三、通过榜样教导可取行为

纪律教育是一种教育活动，通过案例来指导儿童是一种颇有成效的方法。儿童用他们所尊敬的成人榜样来建构自己关于适当行为的观点。因此，教师和父母的榜样示范就是有效地指导和纪律教育的方法。教师在示范适当的情感表达和适当的行为上花的时间越多，他们在纪律问题上花的时间就会随着时间的推移而越来越少。

如何通过示
范来教育

示范可
取互动
- 关爱他人
- 表达感受
- 承认感受
- 性别与情绪
- 文化差异

示范可
取行为
- 承担责任
- 智力冒险

有效的角
色榜样
- 相似的人
- 令人钦佩的人
- 与家庭一起抵制媒体影响

通过榜样教导可取行为

　　从儿童生活的环境设计讲到讨论整合课程和关联课程，再到谈榜样的力量。这次的读书会，让我吸收了一个重要的信息：在看见孩子之前，请先看见自己，回归自己中正的位置，努力让自己成为一位懂孩子的教育工作者。

　　读书是为了成为一个有温度、懂情趣、会思考的人，同时能够让我们拥有更多的力量，你根本无法预料将给你带来多少惊喜，而行动是最美的心动。接下来的日子里，愿我在朱小艳省名园长工作室和读书再来一场同样美丽的遇见，和园长工作室的姐妹们一起进行更多幼教专业知识的碰撞和交流。

（珠海市三灶镇第二中心幼儿园　曾颖）

携手同行　共促成长
——广东省朱小艳名园长工作室首次研修活动心得

　　非常荣幸能够成为广东省朱小艳名园长工作室里的一员，既激动又充满期待。2018年9月28日至30日开启了名园长工作室首次研修活动，这次学习机会异常难得，我加倍珍惜，虽短短三天，却收获满满。

2018年9月28日，我们参加了工作室隆重的启动仪式，还参加了教育、南山一体化联盟园"我选择，我坚持"师德演讲比赛。9月29日，在朱园长的引领下，我们学习了《中小学幼儿园教师、校（园）长省级培养培训及保障能力建设项目经费管理的暂行办法》《名园长工作室三年发展规划》《名园长工作室阶段目标与考核内容》。我们还参观了与总园办园指导思想和办园宗旨保持一致的珠海市五洲教育幼儿园和珠海市英利教育幼儿园。其间，我对教育幼儿园的园文化有了进一步的了解。9月30日，我们一起融入形式新颖、头脑风暴的《0—8岁儿童纪律教育》读书会活动。三天的活动短暂而精彩，使我不仅进一步开阔了视野，增长了见识，还结识了名园长工作室里的幼教行业的新朋友，为今后我们幼儿园的发展指明了方向。同时，我也找到了差距，知道了我所在幼儿园存在的不足。回顾这次学习旅程，真是受益匪浅，感慨颇深。

首先，通过学习、参观，使我进一步理解了教育幼儿园"让每个孩子都拥有良好的人生开端"的办园宗旨，深入学习了与工作室息息相关的教育法规，进一步体会到幼儿园教育应该怎样科学管理，如何做一位教职工喜欢的园长。在朱小艳园长、刘慧园长、管虹园长的介绍和分享中，进一步懂得了如何结合《广东省幼儿园一日活动指引（试行）》科学地开展幼儿园的活动、如何正确引导家长教养观念的转变以及如何有效与家长沟通，真正了解了什么是教师专业成长。通过读书会活动《0—8岁儿童纪律教育》，引导教师应该怎样关注孩子、怎样去研究孩子以及怎样创新幼儿园的管理等，这次研修活动为我们以后开展教师培养和自身培养方面指明了方向，从而避免了管理和教育的盲目性。

其次，作为园长，对于当什么样的园长以及办什么样的幼儿园正是我所面临的问题。在朱园长的分享活动中，给我们提出了现代园长应具备的观点和要求。她提出，作为一位优秀的园长，在践行教育理想的道路上，一定要信任、包容、坚韧；要乐观、自信、有远见；还要踏实、创新、肯钻研，既要做最好的自己，也要带好自己的团队！朱园长那"让自己变得更好，让身边的人变得更好"的工作室宗旨深深感染了我。园本文化是自上而下的文化，是开放的且可以传递的文化，它在幼儿园里的每一位教职工的意识和行为中自然流露着。我进一步明确了园长的角色和幼儿园的发展方向，在此次研修学习中，让我们明确了——幼儿园的管理必须朝着精细化方向发展，从师资、设备、环境、孩子、家长等各个方面都要做全方位的分析。

第三章 三人行，必有我师

最后，本次研修学习中，我深刻地感受到朱园长专业引领的魅力，朱园长的话时刻萦绕耳畔，我理解为：成功没有捷径，获得成功的钥匙不是别人给你的，而是由自己锻造的，必须一步一个脚印，踏踏实实地去践行每一个当下认为是对的决策。

三天的学习稍纵即逝，却是满怀期望。期待未来三年的学习里，我们在朱园长的引领下，在学前教育的道路上朝着共同的目标大步迈进，共促成长。

（珠海市井岸镇新堂中心幼儿园　卢秋平）

启迪之行

——广东省朱小艳名园长工作室首次研修活动心得

能成为广东省朱小艳名园长工作室的成员，我感到十分荣幸和自豪。怀着激动的心情，于2018年9月28日至30日参加了工作室的启动仪式及首次研修活动。

9月29日上午，工作室五位成员、助理和技术专家分别进行简短的自我介绍之后，朱园长带领大家学习了《中小学幼儿园教师、校（园）长省级培养培训及保障能力建设项目经费管理的暂行办法》《名园长工作室三年发展规划》等文件。

9月29日下午，我们参观了香洲教育幼儿园的两所分园：珠海市英利教育幼儿园和珠海市五洲教育幼儿园。在英利教育幼儿园，以儿童绘本为主线的环境创设给我留下了深刻的印象。在管园长的介绍下，大家也了解了该园的招生、办园理念、课程设置等基本情况。

在珠海市五洲教育幼儿园，我们参观了户外活动场地、功能室、班级活动室等场所，幼儿园温馨雅致、师幼共建的生态环境让大家如孩子般流连忘返。接着，我们聆听了刘慧园长的介绍：了解了该园是珠海市五洲房产开发有限公司将五洲花城小区配套幼儿园委托香洲教育幼儿园管理，经香洲区教育局批准成立的民办公助普惠性幼儿园。幼儿园以理念先进、目标明确、精细管理、特色鲜明而广受赞誉。在开园三年来，先后通过规范化、区一级、市一级、市安全校园、市绿色校园的评估验收工作，得到家长、社会及同行的一致认同，幼儿园的H&S园本课程、5S管理等特色初显成效，多次接待国内多省市的幼教同行来园观摩学习。

听完刘园长的介绍，让我在幼儿园管理、园本课程建设等方面又有了新的启发。晚上还参加了"教育·南山"一体化联盟园"我选择，我坚持"师德演讲比赛。演讲内容丰富多彩，题材多样，事例典型，生动感人，源于生活，高于生活，具有说服力和感召力。这次演讲比赛选手们正确把握了师德与师魂的内涵，都是以爱与责任为主题撰写演讲稿，内容充实具体。通过那一个个鲜活的教育教学事例，使我们看到了他们是在用自己的实际行动诠释着师德与师魂、爱心与责任。

9月30日，我们一起融入形式新颖的《0—8岁儿童纪律教育》读书会活动。在陈园长的引导下，大家共同就《0—8岁儿童纪律教育》的第四至六章进行了读书分享——"儿童出现的不适宜行为是不适宜的课程和教育导致的"。陈园长在刚开始就提出了这个观点，引发了大家的共鸣。通过今天的读书分享，我觉得接纳孩子、尊重孩子、理解孩子是纪律教育的最基本要素之一。

成人与儿童之间相互尊重的关系是发展道德自主的基础。互相尊重，意味着你尊重儿童和儿童尊重你都很重要，有效的纪律教育必须针对行为问题的原因，了解儿童的生理、情感、智力和社会性发展，这有助于减少成人因不理解而引发的行为问题。如果我们对儿童的发展了解非常成熟的话，对儿童提出的期望与其成熟水平相匹配，很多问题都能避免。

例如，学龄前儿童就是喜欢奔跑，以促进大肌肉的发展，你怎么又能要求孩子不要跑呢？我们常常不懂孩子很多行为问题背后的真正原因，就像我们要求孩子排队，指责孩子插队的情况，可是却不知道3岁的学前儿童的注意力非常短暂。因过了很久也无法轮到自己，导致孩子等得非常着急，所以才会插队。

我们总说不可以在教室奔跑，不断强化"不可以"，而不知应该强化应该做的行为——在教室里轻轻地走。比如，孩子在搭建区工作，不断地大声说话，打扰了他人。这时，我们老师会用简单的语言提醒他，如果几次提醒之后，孩子依然那样，那老师就只能请这个孩子归位暂时离开这儿，等到其能遵守搭建区规则时，再来"工作"。这里就不能用听话与不听话来理解这个孩子，这种处理方法让他明白，你可以"工作"，但不能打扰他人工作，让孩子知道什么事可以做什么事不可以做。

在这紧凑有序的三天研修活动中，我收获满满，不但拓宽了看待事物的视野，更重要的是让我真切感受到朱园长脚踏实地做实事的敬业精神与态度。"让自己变得更好，让身边的人变得更好！"这样朴实无华的一句话，让我茅塞顿开，我将不忘初心，砥砺前行，在朱园长的专业引领下提升个人专业素养，潜心研究，向"名园长"看齐。

（阳江市第一幼儿园　徐达娴）

感恩遇见　相约同行
——广东省朱小艳名园长工作室首次研修活动心得

在这丹桂飘香的金秋九月，我非常荣幸地加入了广东省朱小艳名园长工作室。在这里，有充满智慧的引路人，有答疑解惑的幼教专家，有认真负责的服务团队，还有志同道合的幼教同行，感恩在这最美的季节里遇见，与良师益友同行，路遥而不觉其远。

怀着无比期待的心情，我们来自广东阳春、阳江以及珠海香洲、金湾、2018年9月28日下午，斗门的5名姐妹齐聚珠海市香洲教育幼儿园，共同见证了隆重的广东省朱小艳名园长工作室启动仪式。启动仪式结束后，来到掩映在绿树丛中的工作室小屋，温馨典雅的家居设计营造了一种自然优雅的氛围，也在述说着工作室团队的伙伴们巧妙而又细致的设计理念和工作态度。感谢大家在如此短暂的时间内给我们创造了一个"家"，一个让我们可以风雨同行共成长的"家"。在接下来的时间，我们在朱小艳园长的带领下开启了翘首以盼的第一次研修之旅。

2018年9月29日上午，在工作室成员进行简短的自我介绍之后，朱园长首先带领大家共同学习了《中小学幼儿园教师、校（园）长省级培养培训及保障能力建设项目经费管理的暂行办法》，接着对《名园长工作室三年发展规划》进行了详细解读。工作室的宗旨：让自己变得更好，让身边的人变得更好！正是这样一句朴实无华的定位让我倍感亲切，也让我真切感受到朱园长脚踏实地做实事的敬业精神与态度。我也暗下决心，一定要抓住未来三年的学习时间，制订符合自身实际的发展规划，潜下心来，认真学习，努力让自己变得更好，让身边的人变得更好！

9月30日上午，我们齐聚香洲教育幼儿园，在唐家湾中心幼儿园陈园长的带领下，共同就《0—8岁儿童纪律教育》第四至六章进行了读书分享。

什么样的课程才是出于儿童本位思考的？什么样的活动才是适应儿童需要的？这些问题引发了大家的深思，老师们踊跃发言、真诚交流。通过今天的读书分享活动，我也有以下感触：如果我们能为儿童创设一个有序的学习环境，提供积极的情感氛围，依据儿童的发展水平来设计合理的课程，在活动中通过有效的角色示范与儿童互动，尊重理解儿童的个体差异，那么许多儿童常见的纪律问题就不会出现，儿童的行为也会变得越来越积极。是的，作为教师，要从儿童视角出发，追随儿童，支持儿童，让儿童身心成长更有意义，我们可以做得更好！

短短的三天研修活动在大家激烈的脑力激荡中落下帷幕。感恩遇见！感恩遇见专业、智慧的领头人——朱园长！感恩遇见朱园长工作室认真负责的助理团队——美女璐璐老师、彩容老师和帅哥罗选老师！感恩遇见志同道合、相约同行的幼教同行！祝愿我们在未来的三年：努力让自己变得更好，让身边的人变得更好！

（珠海市香洲区五洲幼儿园　张清华）

跟岗研修心得

5S物品管理可以让幼儿园管理者优雅、创意地工作；让幼儿园节省经费、时间、空间、人力、能源等资源；让幼儿、教职工养成清晰的思维和严谨做事的条理性；让幼儿园"活"而不乱。5S物品管理不仅仅是一种方式、一种方法，更是一种态度与作风。如果我们持之以恒地做下去，一定会形成一种精美是印象、精心是态度、精细是过程、精品是成绩的意识和文化，从而使幼儿园得到进一步的发展。

5S在幼儿园后勤精细化管理中的应用思考小结

在新一期的跟岗研修学习中，2018年12月24日分别听了珠海市五洲幼儿园刘慧园长的《幼儿园管理的金钥匙：5S的管理法》和副园长曲晓艳的《5S在幼儿园后勤精细化管理中的应用》。听完讲座分享，收获非常大，她们对后勤管理工作都十分重视，始终坚持"服务为本，育人为先，后勤不后，保教并重"的原则，不断完善各项制度，按照5S规范操作流程进行保教工作，有力保障了幼儿园教育教学工作的正常运转。带给我最强烈的感受就是要做好新形势下的幼儿园后勤管理工作，必须推行5S细节服务，实行精细化管理，进一步提升幼儿园后勤服务质量和管理水平，确保幼儿健康快乐成长。

在讲座之前，曲园长带领我们学习组的成员们到各班去进行了实地参观，每一间教室都是那么清洁干净、安全卫生、装饰美化而且充满童趣。曲园长也很热情大方，乐于向学员分享。

讲座结束后，我们工作室的成员们集思广益，积极发表了自己的观点。

一、幼儿安全要依托5S"精细化"来保障

1. 设施维护勤在平时

后勤方面应随时根据教育、安全、卫生的要求以及孩子的需要，对幼儿园的绿化、环境、园舍、大型器械等不断创设和改善。定期检查户外大型活动器具、室内照明线路、电器设备及其他设施，对排查出的事故隐患及时排除、整改，特别是要抓好墙面瓷砖脱落及松动的维修、门框的维修、门把手的维修和屋顶漏雨防水的维修，延长设备的使用期限，确保安全。

2. 安全教育贵在"经常"

要坚持每学期各开展一次"师生消防疏散演练"与"防震疏散演练"活动，提高师生自我保护意识与能力。不管是集体活动、分散游戏，还是午餐、午睡、盥洗，都能做到眼明、嘴灵、手快、脚勤，随时发现不安全因素，对孩子及时加以引导，以防事故发生。玩大型玩具时、午睡上床时、收取玩具时、搬椅子时等容易出现的安全问题环节，教师都要眼观六路、耳听八方，及时发现并采取必要的引导措施，杜绝伤害事故的发生。严格执行封闭式管理制度，严禁社会闲杂人员进入校园，以确保幼儿园正常的教学秩序。

二、卫生保健要瞄准5S"精细化"来实施

1. 强化环境卫生管理

幼儿园的环境任何时候都应该是清洁、安全、美化、充满童趣的。要以"经得起24小时检查"为主线，明确园内后勤工作人员各岗位职责，卫生区域的划分也根据各人所长，分工到人，责任到人，并将卫生标准分发给个人，要求他们严格按照此标准执行，以保证孩子生活在一个清洁无尘的环境里。

2. 强化幼儿健康管理

每年春、秋季是幼儿疾病多发季节，要坚持每天对班级、幼儿用品进行消毒，将各班的发病率控制到最低，也使得各班幼儿因病缺勤率降至最低。每学期要配合保健部门对全园幼儿进行健康体格检查，积极接待卫生防疫部门的消毒卫生及安全检查。每天督促保健老师认真做好晨检，发现问题后要及时上报给班级老师或反馈给家长。

3. 强化食堂膳食管理

食堂膳食工作是保教工作的基础，也是家长最为关心的问题。要认真地

计算幼儿营养所需量，严格按照幼儿营养标准来合理安排，争取做到饭菜品种多样化、营养全面化。要提高家长的参与意识，如珠海五洲幼儿园开展的"宝宝厨事您知道"活动，集思广益，不断提高本园伙食质量。严格按照标准监督食堂工作人员从事食堂卫生、消毒、操作的工作。每周对食品仓库进行清点，及时增补食堂用品，保证资源充足。完善进出仓制度，由专人进行食品入库与出库的检查工作，包括食品名称、生产日期、供货商地址、检验报告等。

三、队伍建设要围绕5S"精细化"来展开

1. 聘选人员要坚持高标准

一直以来，幼儿园普遍存在着保育员文化水平较低、年龄偏大的问题。要想改变这种情况，仅仅靠对保育员进行岗位的培训是不够的，必须把好幼儿园的"入口关"，按照幼儿园的实际需求，从谈吐、文化素质、吃苦耐劳的品质等方面进行考察，挑选出学历、年龄、能力都相符的保育员，特别是要大量吸收优秀的女青年来担任保育员的工作，以确保保育员综合素质的提高。

2. 业务培训要注重针对性

根据保育人员的自身素质和工作能力，有计划、分阶段对保育员进行系统的培训。在加强幼儿心理、生理卫生培训的基础上，不断提升保育员的普通话表达能力和综合技能，使之慢慢成为既能照顾好幼儿的一日生活，又能协助班级教师做好教育教学工作的保育员。

3. 服务幼儿要体现责任感

爱心、耐心、责任心是做好幼儿园后勤工作的前提。要引导保育员、保安、食堂工作人员牢固树立"爱如己出，关心幼儿"的理念，从细微之处入手，将各项工作想得周到、管得到位，将小事做细、做精。要实行人性化管理，坚决克服和消除后勤人员在幼儿园中低人一等的现象，切实在感情上尊重他们、工作上信任他们和在生活上帮助他们。要实行教师和保育员相互选择配班制度，提高保育员的工作积极性，实行岗位工作评价，严格进行奖惩。

总之，5S效果看得见，持之以恒是关键。

（广东省朱小艳名园长工作室成员　蔡在媚）

5S与园本课程的思考

在幼儿的养成教育中，习惯的培养是一项重要课题。珠海市香洲教育幼儿园将企业"五常法"管理的成熟、成功经验迁移到幼儿园的管理中，根据幼儿年龄特点和教育规律，将"五常法"融入幼儿园的园本课程，让孩子们在生活、游戏、学习和运动中习得本领、养成习惯，提升了幼儿园的管理品质，在珠海学前教育界起到了很好地示范引领作用。

2018年12月25日上午，我们朱小艳省名园长工作室学员一行5人，于五洲幼儿园聆听了朱小艳园长"赢在管理，贵在支持"的专题分享，让我们了解到"五常法"在教育幼儿园管理制度上的背景支持是园本课程得以顺利开展、开花结果的有力保证。

一、"五常法"的五大原则是课程诞生的基石

朱园长从理论到实例分享，深入浅出地诠释了"五常法"的五大原则与幼儿的发展完美契合，从单一是最好、第一次做好、简洁就是美、目标管理和现场管理五个方面，合理制订幼儿园的课程发展目标，培养自尊、自爱、自律的孩子。

单一是最好——儿童心理学研究表面：杂乱的环境使孩子无所适从、无从入手。"单一"既符合幼儿心理需求，又能建立"够用即可"的低碳生活态度。

第一次做好——符合幼儿"先入为主"的思维模式，第一次做好，次次都能做好。因为当幼儿形成刻板印象后，好的行为就不容易再改变。

简洁就是美——真正的文明，心理上有一种洁净感。将简洁美内化成美感，成为孩子独特的气质。

目视管理——通过颜色区别、线条划分等方式，让孩子看得懂、做得到，容易获得成功。

现场管理——孩子们的行为培养渗透在真实的生活情境中，既具体又形象，要摆脱空洞说教，这是日积月累的养成教育。

第三章 三人行·必有我师

二、"五常法"在幼儿园管理上的诠释是园本课程开展的有效手段

1. 第一次做好,规划先行

规划就像一所幼儿园的图纸,没有规划就没有发展方向,清晰有效的规划为幼儿园的课程发展提供方向。

2. 单一是最好——扁平化管理

扁平的人员结构和组织保障了保教人员(专业技术岗位)占主体,控制了管理岗位人员,特别是脱产的管理岗位人员数,确保班级的保教人员始终是第一位的。尤其是年级组长负责制的扁平化管理模式和民主的扁平管理方式,保证了课题开展的时效性和实效性。

同时有效的幼儿园薪酬管理制度积极推进了幼儿园一日课程的发展,幼儿园岗位竞聘制度为幼儿园课程发展提供了坚实的基础,幼儿园级长负责制为幼儿园的课程决策提供了充分的空间,这些制度逐渐形成了5S幼儿园课程建构的优势。

3. 简洁就是美

管理要简洁、清晰、通透,要集中力量抓核心,要避免"保姆式""眉毛胡子一起抓"。要抓师资和课程,共同的愿景形成了实践共同体。通过工作室、师徒带教、专业研究小组等多种形式的组织,为课程的内涵发展提供有力保障。

4. 目视管理

自然的户外环境打造,关注儿童室内外游戏中的人文气息,班级环境的层次性、多样化,班级内外环境的装饰能否为孩子们提供温馨、舒适、私密的居家环境……这些细微之处,让孩子的教育无处不在。

5. 现场管理

"勤、实、群、专、新"的园本文化是课程发展前进的动力。

幼儿园的5S教育,就是要让孩子通过:

(1)整理(常组织)——做一个聪明的孩子。

(2)整顿(常整顿)——做一个负责任的孩子。

(3)清扫(常清洁)——做一个自信的孩子。

(4)清洁(常规范)——做一个自爱的孩子。

（5）素养（常自律）——做一个自尊的孩子。

从这五个方面进行全面培养，让每个孩子拥有良好的人生开端。

三、课程就是为不同的学生设计的不同轨道

在管虹园长的讲座《支持幼儿走向独立——幼儿园本常思课程建构》中，管园长通过例子：日本在建筑设施、人文环境等细节上的管理启发教育幼儿园以常思课程为园本课程的研究背景。一日生活环节中的"常"也包含了另一层含义：日常、平常、常常、常规。

从幼儿每天早上进园开始，教育就为之开始。管园长从幼儿一日生活环节的教育到大、中、小班活动的开展，通过大量实例图片和鲜活案例，为我们做了详尽的《支持幼儿走向独立——幼儿园园本常思课程建构》的教育幼儿园园本常思课程实操经验介绍。具体体现在以下几个方面：

1. 一日生活环节的教育

常思课程以《幼儿园教育指导纲要》及《3—6岁儿童学习与发展指南》为基础和指导，从生活教育出发，增强幼儿自我服务、自我管理能力，养成良好的行为习惯，支持孩子走向独立。管虹园长通过大量的儿歌、图示指引、榜样示范等实例，详尽介绍了常思课程理念下一日生活环节中如何有效运用5S管理，怎样将日常规范融入环境，让幼儿园班级常规管理变得轻松有效。在入园、饮水、餐点、如厕、盥洗、午睡、离园等环节，通过儿歌、图示指引、操作指引、榜样示范加强生活化教育，提高幼儿的自我服务能力，增强其责任感，让幼儿感知成长，养成自我管理的好习惯。

2. 学习活动

从班级环境的创设到教学活动的开展，管园长通过大量的主题活动案例分享，详尽介绍了5S园本常思课程是怎样通过环境、生活、游戏、学习以及运动活动等方式，让幼儿按照自己的主体地位来决定对活动材料的使用方式和方法，从而使周围环境中的人与事物按照幼儿所确定的方式与主题构成特定的关系，使幼儿获得主体性体验。在开展的一系列大、中、小的主题活动中，幼儿学习自我服务的本领成为老师和孩子的必修课。

3. 内化与自律

在长期行为养成及习惯培养下，通过运用组织教会孩子常常检查周围的环境、物品是否卫生够用；运用清洁教会孩子将物品分类放置，各有各名、各

有各家，并且每天保持自身的整洁及环境的整洁，让我们的生活健康舒适；运用规范教会孩子自己学习制订生活标准和行为规范；运用自律教会孩子学习每一天的自我管理，最终内化为孩子的基本生活能力，让孩子们的生活更为成功。

朱小艳园长和管虹园长对于"五常法"五大原则在幼儿园管理和幼儿园园本课程中的诠释和分享，让我们详尽了解了以幼儿发展为目标，力求将目光聚焦在每一个儿童发展身上，并以"让每个孩子拥有良好的人生开端"为宗旨的5S园本常思课程。从生活中出发，增强幼儿的自我服务能力、自我管理能力，让其获得自信、自尊、自爱，支持幼儿走向独立，最终将其培养成有能力、有自信的社会人！

四、反思中成长

作为朱小艳省名园长的学员，我们5人都对朱园长在讲座中抛出的一个问题做了深思：一位优秀园长和一位卓越园长的区别是什么？的确，作为一位管理者，我们往往总是认为凡事都应身先士卒、率先垂范，正是在这样的思维下，我们能够做到事必躬亲，也能非常高效地完成各种繁杂的工作。从某种角度来说，我们是优秀的。但我们往往却忘记了自己是一位团队的管理者，我们身后还有强大的队伍，我们有责任让团队一起变得优秀。

那么，我们就要给自己的角色重新定位：我们不应该做"保姆式"的管理者，而是要做团队的引领者、服务者和支持者。我们工作室的"五朵金花"表示要使用4D式策略做好个人发展规划，朝着做一位会发现、有梦想、能设计且具有独树一帜风格的卓越园长目标前进，努力让自己变得更好，让身边的人变得更好！

（朱小艳省名园长工作室学员　曾颖）

教师沟通技巧及家长沟通应用策略

2018年12月26日，朱小艳省名园长工作室跟岗成员随5S管理研修班成员来到珠海市英利幼儿园（教育幼儿园分园），参加了由卢昊教授主讲的5S理念下的专题讲座《教师沟通技巧及家长沟通应用》。这次培训，学员们深受启发，收获巨大。

家园沟通防火墙之一："没有冲突，只有观点不同"

讲座在卢老师清晰且富有小组竞争性的学习规则中慢慢展开，一个个鲜活且接地气的案例，如"卢森堡的讲座""电脑维修客服的对话""盲人摸象""鱼牛的故事"把现场浓厚的学习气氛推向高潮，让学员们在欢声笑语中领悟到：家园沟通中没有冲突，只有观点的不同。因此，我们要在沟通过程中非常明确家长的沟通意图，以同理心接纳对方的观点，理解对方的情绪，体会对方的感受，这样会使家园沟通变得更顺畅。

家园沟通防火墙之二："有效果比有道理更重要"

卢老师采用突破传统的讨论方式，让学员们通过投同意票、中立票和反对票来学习家长沟通工作中"有效果"与"有道理"两面的对比。通过有趣且滑稽的情景模拟，如"婉转式的批评""敏感的家长"等让学员们领悟到：沟通效果=有氛围+有道理。在家长工作中，我们要巧用"共同目的"和"尊重"来营造安全的沟通氛围，避免使用"沉默"和"言语暴力"来中断沟通。当安全氛围消失时，可以运用"暂停沟通""培育安全感"的技巧来恢复安全氛围，这样会使得家园沟通工作更有效果。

（批注：张清华园长和卢秋平园长进行情景模拟，体验防火墙之二"有效果比有道理更重要"带来的沟通效果。）

家园沟通防火墙之三："情绪是信念的投影"

通过一个在家庭中出现频率很高的案例引出家园沟通的情绪问题——妈妈对待孩子晚上9：00还看电视不睡觉情况有两种不同价值观导向结果。原来在相同的原因背景下，由于个人不同的情绪会导致不同的结果。学员们用ABC法分享生活中各种有趣的案例，两人一组写20个关于情绪的词语并你说我演，使得现场的学习气氛更加轻松愉快，在这愉快的气氛中体验不同的情绪带来的感受。卢老师分享了"信念换框法"，使我们懂得：当能控制情绪并把不好的情绪转换成好的情绪时，导致的行为结果也会往好的方向转变。在日常的家长工作中，不管是家长的理念落后、各种的不配合或者挑剔更或者无理取闹，都会让老师通过情绪转换导出更多正面的意义。

修炼沟通能力之一："倾听能力"

倾听分为三个层次：第一层次是以自我为中心的倾听；第二层次是以对方为中心的倾听；第三层次是3F倾听。故事《小男孩的梦》让学员们感悟到：好比成人固化的思维模式中断孩子的说话内容，并先入为主地自以为很了解孩子。故事让我们认识到：只停留在第一层次以自我为中心的倾听会造成不良的后果。而学习第二层次以对方为中心的倾听也不难，启发我们在与家长沟通中，有意识地点头、微笑和目光注视，并用亲和的肢体、音调复述对方说的话，这使得沟通双方都处于彼此尊重而平等的关系下进行沟通。当使用到第三层次3F倾听时，我们更注重倾听事实，不能用个人的主观判断性语言去评价客观存在的事实。单纯地倾听感受并复述感受会更理解当事人倾听的意图，会使得当事人更愿意跟你靠近。

修炼沟通能力之二："发问能力"

在与家长的沟通中，不同位置也会产生不同结果，感知位置平衡法——多角度发问是沟通的又一技巧。通过故事《晏子救烛邹》以及案例《小涛与物理老师的冲突》细致分析了在运用感知平衡法来发问"第三身"带来的沟通效果，学习感知平衡法对我们提升自身的沟通能力将大有裨益。

修炼沟通能力之三："回应能力"

对当事人的表述有效地回应可以推动家园沟通，而人们带有惯性的评价会使得沟通不那么顺畅。在沟通中给对方适当的回应就犹如录像机讲话一样，单纯直接地描述事实，再加上不带批判的建议，这种沟通方式使得现场作为妈妈的老师们感受良多。

一天的学习总是愉快而短暂的，卢老师互动式的分享模式让我们更乐于参与，更能感受学习的乐趣。安装沟通三道防火墙，修炼沟通的三种能力，将会帮助我们做好家园沟通工作。通过学以致用和且思且行且悟，让新的教育理念、方法在我们每一位幼教人心中开花结果。

（广东省朱小艳名园长工作室成员　卢秋平）

"润物细无声"的教育——5S在班级常规管理中的思考

珍惜每一次的学习机会，在提升个人综合素质的同时提升园所建设品质。怀着这样的学习心态和目标，我参加了朱小艳省名园长工作室的"幼儿园5S管理研修班"的跟岗学习，5S以其全新的幼儿园管理理念和管理模式，从教育理念、形式和途径上突破了幼儿园管理的传统模式，引领我们进入一个管理的新境界。

2018年12月28日，珠海市香洲区教育幼儿园苏颖老师给我们分享了5S在班级常规管理的应用，让我们受益匪浅、茅塞顿开，对指导自己园所教师进行精细化的班级常规管理有了进一步的理解和认识。

一天学习下来，我们知道了幼儿园5S班级管理可以从教师习惯的养成、幼儿习惯的培养和家园互动三大方面来进行，但我受益最大的还是幼儿习惯的培养这部分：

《幼儿园教育指导纲要》中明确指出："科学合理地安排和组织幼儿一日生活，建立良好的常规。避免不必要的管理行为，逐步引导幼儿学习自我管理。"而以"整理、整顿、清扫、清洁、素养"为主要内容的5S管理，是一种通过规范现场、事物，营造有序环境，培养良好习惯的管理方法，其最终目的是提升人的品质。香洲幼儿园根据幼儿的年龄特点，使幼儿通过实践活动，采用将5S管理融入幼儿的学习和生活中，从身边的小事做起，鼓励幼儿亲身参与学习及生活环境的创设，让幼儿在一定的规则和规律下成为自立、自主、自律的人。

一、让标识告诉孩子"我该怎样做"，培养有序意识

在生活环节中运用5S管理，使日常规范融入环境，让常规管理变得轻松。老师可以借助实物照片、图片及颜色区分的形式为标记，采用儿歌、游戏、图示、生活渗透等多种方式，提醒幼儿参照图示等做好相应的准备，帮助幼儿建立生活常规。这里，苏老师举了几个例子：如每天幼儿午睡时脱下的鞋

子常常散乱地被扔在地板上，不但影响了卧室的整齐和美观，幼儿还要在起床时到处找鞋。于是，苏老师就给幼儿每一双小鞋子准备一对小脚板，选用多种颜色，让幼儿自己选择自己喜欢的小脚板，并将其贴在自己的小床下面，让孩子学会摆好自己的鞋子；在活动区，为了解决孩子们在排队和换鞋子的时候出现的队伍拥挤、椅子凌乱等问题，苏老师就以红色（女孩子）和蓝色（男孩子）的线条设立"排队区""换鞋区"等，让孩子懂得按序排队和摆放椅子，使班级形成有序的环境。

二、让每个物品都有"名"有"家"，培养规则意识

活动室里的玩具、操作材料多种多样，要做到按规律摆放，让孩子自主收拾、整理物品，老师就必须做大量的工作。运用5S管理，让所有的物品都有自己的标签和位置，不但可以减轻老师的压力，还可以帮助孩子提高有序取放物品的能力。老师们可以根据孩子的年龄特点，和孩子们一起把这些材料进行分类，采取了定位、定量管理方法。为此，生活用品（水杯、毛巾、拖鞋等）都标明了摆放位置，并依照学号找到了小主人。

同时，这种管理方式也结合了幼儿的身心发展特点，如：小班孩子具有直观性和形象性的特点，用实物照片或图片、图形、颜色等作为标记；中、大班孩子的理解力和想象力较强，可使用数字，还可以请孩子自己设计标记图标。幼儿每次玩完玩具或操作材料以后，就能按标志寻找相应的柜子进行摆放，令柜子整齐有序。同时，在摆放的柜子上，每隔一段距离画上一条红线，每一排的操作材料都不能越线，既便于规范操作材料的位置，也便于幼儿收拾和检查，培养了他们的自我服务的能力。

三、让孩子成为真正的小主人，培养参与意识

如何让孩子能得到主动的发展，作为老师应该从点滴做起，如：组织孩子每天进行简单的与自身相关的清洁活动，这既可以帮助孩子养成良好的卫生习惯，又有助于孩子培养独立性意识，增强责任感；在制订班级公约的时候，请孩子一起参与，尤其是中、大班的孩子，他们已具有初步的自我意识，好奇心极强，喜欢参与探索性的活动，不喜欢按照大人的要求去做。这时候，老师就需要成为一个观察者和帮助者，鼓励孩子自己去想、去讨论、去尝试。总之，只有师幼共同建立班级常规，才能培养孩子从他律走向自律。

最后，我想用五句话概括今天的收获：第一，物品收纳有图示；第二，师幼行为有规范；第三，学习活动有主题；第四，师幼活动齐参与；第五，人人自律习惯好。

（广东省朱小艳名园长工作室成员　徐达娴）

不忘初心　方得始终

成长，已在路上

时光飞逝，转眼之间工作室的学习已经接近尾声，在这个温暖的大家庭里，大家温暖同行，互助成长。在这里，有大家的欢声笑语；在这里，有大家的无穷智慧；在这里，有大家的教育情怀。就是这样一群爱学、乐学、善学的幼教人集聚在一起，在工作室主持人朱小艳园长的专业引领下，不断充实自己，不断完善自己，用勤劳和智慧践行着自己的理想与追求，记得工作室主持人朱小艳园长曾说过："一花独放不是春，百花齐放春满园"，暑去秋来，工作室的园长学员们迎来了满满的收获与成长！

论文成果

茶果飘香　文化芬芳

——浅谈通过唐家湾茶果文化活动提升幼儿亲社会行为的策略研究

习近平总书记在建党95周年庆祝大会上指出，教育是传承文化及构筑文化自信的重要手段。幼儿园为传承传统文化，走内涵发展之路，以开发和利用好本土资源为切入口，通过实践研究，全面提升幼儿园的保教质量，使教育质量更具时代性和生命力。

《3—6岁儿童学习与发展指南》中提出，要运用幼儿喜闻乐见及能够理解的方式激发幼儿爱家乡和集体的荣誉感。我园地处唐家湾地区，一直以来致力于挖掘本土文化及构建园本课程。为发展幼儿良好的社会性，以课题研究为抓手，开展为期一个学年的文化实践活动，让传承文明的种子植根于幼儿的心灵深处。

一、走近唐家湾的美好

2015年，国家建设部及文物局颁发了珠海市唐家湾镇"中国历史文化名镇"铜匾，历史名镇唐家湾成为珠海靓丽的名片。官塘茶果是唐家湾镇官塘村的一种民间小吃，在历史的进程中逐渐形成种类丰富、源远流长的系列美食。据《唐家湾镇志》记载已有几百年历史。2006年6月，还入选首届"广东省非物质文化遗产保护成果展"。

二、关注亲社会的意义

各种研究表明，有礼貌、懂合作、善交往的人更具有社会竞争力。亲社会行为的发展是儿童人际交往和社会适应过程中必不可少的组成部分，是儿童期发展的重要标志之一。其主要涉及同情安慰、帮助分享、合作和社会公德行为等与之发展水平相适应的行为。在《3—6岁儿童学习与发展指南》的教育建议中提出，要创造交往的机会，让幼儿体会交往的乐趣。我园结合实际引导幼儿学习交往的基本规则和技能，学习融入集体，建立积极友善的社会情感及发展健全的人格，这正是幼儿园通过传统活动提升幼儿社会性发展的重要缘由。

三、提炼好策略的方式

《幼儿园教育指导纲要》中提出：在教育内容的选择上既要贴近幼儿园的生活，又有利于拓展幼儿的经验和视野。让幼儿在集体中学会认知做事、生存及共同生活，是众多幼教工作者的共识。为顺应幼儿的天性，发展其良好的社会性，幼儿园在传统美食与幼儿近距离的接触中开展了系列的研究策略。

1. 引发关注策略

幼儿园通过家园合作收集唐家湾文化的各种资源，在户外和楼道分别设置了"唐风唐韵"观赏区及唐家湾文化展示区。内容涵盖陶艺茶果、建筑文化、传统工具，幼儿充分浸染在传统文化氛围中。通过带领幼儿实地考察官塘茶果名店，把观察中发现的秘密相互分享，有效地激发了幼儿亲社会行为中良好的文明礼貌、爱护公物等社会公德行为。

2. 激发参与策略

唐家湾一年气候的变化和节令有相应的茶果，这是先人顺应时节养生的秘密。让幼儿品尝各种不同节气而做的茶果。幼儿在品尝美食中成为行家，在积极互动交流的过程中提升了乐分享、会谦让等良好的亲社会情感，激发了参与制作的愿望。

3. 亲身体验策略

茶果味虽好，但做工烦琐，且精通此手艺的人越来越少。为传承美食，班级以味美简单、易于操作为前提，鼓励幼儿积极参与。豆捞、叶仔、五指抓……从选材到实操，幼儿全程参与。有效激发了他们助人、安慰、同情、合作等亲社会行为。

4. 情境创设策略

通过创设丰富的情境创设，教师能及时观察幼儿的发展，引发以合作共赢的方式解决冲突及问题，引发思考，引导积极的亲社会行为。通过班级之间的茶果互品、混龄做茶果、唐家湾文化周赶集会等，让幼儿在展示才艺与同伴的相互模仿中，发展幼儿的助人同情、援助安慰等亲社会行为。

5. 正面强化策略

无论是自觉的还是不自觉的，儿童亲社会行为都需要得到及时的关注及认可。成人和同伴真诚的鼓励能有效强化幼儿的正向行为。无论是在制作茶果的过程中或是在同伴的相互协助与交流中，或者是对外展示的活动里，幼儿的合作与互助都能在成人和同伴口头语言或肢体语言的及时肯定中得到有效强化。

6. 创新驱动策略

文化需要传承和创新。幼儿在制作茶果的过程中，对于茶果的外形设计和馅料准备有了自己的想法。老师及时捕捉信息，组织幼儿观摩厨师现场制作包点。在与厨师的互动中，幼儿的发散性思维妙趣横生。孩子们个个跃跃欲试，老师顺应幼儿的想法，特意开展多次的小组实践，幼儿的作品创意无限。这正是培养继承、发展创新人才的必由之路。

俄国著名教育家乌申斯基说："教育必须反映本民族的精神、传统和特点。"通过唐家湾茶果文化活动，让我们更加深刻地认识到，幼儿社会性行为发展需要一个长时间的坚持与内化，方能铸就优秀的个性品质。让"茶果飘香，文化芬芳"的美好培养出一代继往开来、锐意创新的新生栋梁吧！

参考文献

［1］曹莉萍.儿童亲社会行为发展及其培养策略［J］.科技信息，2013，
（8）.

［2］田素娥，匡明霞.幼儿亲社会行为的培养策略［J］.学前教育研究，
2012（10）.

［3］陈旭.幼儿亲社会行为培养策略研究述评［J］.学前教育研究，1999
（6）.

［4］葛晓英，连平.闽南本土文化幼儿活动实例［M］.福州：福建人民出
版社，2008.

［5］王春燕.浙江民间文化与幼儿课程——浙江民间文化幼儿园课程资源
开发的研究［M］.杭州：浙江大学出版社，2011.

（珠海市高新区唐家湾中心幼儿园　陈敏敏）

幼儿传统民间游戏的观察与研究

传统民间游戏是指流传于广大人民生活中的嬉戏娱乐活动，俗语称为
"玩耍"。游戏是竞技民俗中最常见、最普遍、最有趣味的娱乐活动。

自2018年至今，我区定期开展有关传统文化园本课程，为了将其渗透在幼
儿一日活动各个环节，大胆尝试将传统民间游戏融入幼儿园园本课程中。

《幼儿园教育指导纲要》指出，"玩是幼儿的天性""幼儿园应以游戏
为基本活动"。游戏作为幼儿最喜欢的活动，对幼儿的教育起着非常重要的作
用，挖掘传统民间游戏内容，应用传统民间游戏开展教育活动，对于丰富游戏
活动内涵，促进幼儿身心全面协调发展具有非常重要的作用。

一、传统民间游戏应用

（一）基本原则

1. 选择游戏，发展动作

根据《3—6岁儿童学习与发展指南》里动作发展要求，应有目的、有计划地投放材料；安排、组织系列活动，并适时调整各个运动的难度和强度。针对健康目标，我们选择相应的游戏发展幼儿动作：比如，大班选择"平衡顶"游戏，是发展双脚站立由30—35厘米处往下跳，原地转5圈左右，在高30—35厘米的平衡木上走等；选择"斗鸡"和"跳格子"游戏，发展单脚站立；选择"空中抛物"和"手抛球"，是发展肩上挥臂投远等。

2. 强度适宜，愉悦身心

在游戏过程中，老师通过观察和使用检测心率仪器的方法，记录幼儿运动状态情况，以此作为依据来调整幼儿的强度和密度。另外，选择一些有趣而富有挑战性的传统民间游戏，如多人板鞋、竹竿舞、抬花轿等，通过这些来实现幼儿对体育活动兴趣的培养，以及运动潜能的挖掘。这些游戏看似危险，但能激发幼儿挑战困难的信心，不但符合孩子的年龄特点，还能愉悦其身心。

3. 音乐动作，相辅相成

在传统文化渗透一日生活中，音乐也是一个重要元素，传统民间游戏则要选择符合动作性质又利于营造传统游戏开展的情境，如草原晨曲、彩色的中国等。

4. 面向全体，注重个体

由于受遗传、环境等因素的影响，同一年龄段的幼儿，在体育活动中的表现也存在明显的差异，如同一个竹竿舞游戏，动作发展好的幼儿可以通过几次练习后基本能够掌握节拍和跳法，而对于那些动作协调能力发展稍逊的幼儿，则是畏惧、站在一旁不敢尝试。如果幼儿得不到成功的体验，久而久之就会失去对体育活动的兴趣，这对幼儿发展是非常不利的，这就要求我们在组织游戏时，既要面向全体，又要注重个体差异。

（二）组织策略

1. "纸上谈兵"

有些游戏器材多而难移动，且器材位置的不断调整对老师们来说是个很重的体力活。因此，我们先给每个级组的成员印发了幼儿园户外活动的平面图，让老师在平面图上绘制各种器材摆放的位置和方向，并在平面图上"跑线路"，商定后我们再实地演练，这样就大大减轻了教师们的工作负担。

2. 合理优化

同一项游戏，传统民间游戏器材组合分层递进，以差异满足不同需求。以内圈区设置的"同心鞋"游戏为例：一组为2人同心鞋，适合刚练习此项活动的幼儿，难度系数为一级；一组为3人同心鞋，幼儿尝试增加一个人，适合已经有合作经验并能熟练走的幼儿，难度系数为二级；一组为多人同心鞋，适合有合作能力、经验以及动作熟练的幼儿，等级为三级。

同一器材，玩法创新，可有效发展幼儿思维。例如，关于外圈区的"平衡顶"：幼儿在轮胎上的玩法层出不穷，开始将轮胎交叉摆放，幼儿绕着轮胎呈"S"形走动；后来，我们将轮胎摆成横排或竖排并拉开距离，幼儿可以顶着平顶帽走进走出；将几个轮胎挨在一起平放，幼儿又会踩在上面走过；将轮胎与竹梯一起配合使用，又变成了练习坡度走的器械；而平衡顶又可以通过头顶或手顶的方法进行游戏。总之，一种材料使用方法的改变，既让幼儿保持新鲜感，又让幼儿在实践中提升兴趣，在兴趣中锻炼其能力。

区域内材料不断更新。各个区的游戏随着天气的变化、幼儿的兴趣和能力的发展变化，我们不断调整和优化，努力找到适合幼儿的年龄特点及身体发展要求的契合点。

二、传统民间游戏的开发

（一）收集整理传统民间游戏

坚持以《幼儿园教育指导纲要》为指导，充分挖掘乡土资源文化，收集传统民间游戏，并进行分类整理。

1. 广泛收集传统民间游戏

教师组、家长组分头收集传统民间游戏，如"跳房子""找东西南北""竹竿舞"等经典的传统民间游戏。

2. 对传统民间游戏进行分类整理

将收集的传统民间游戏资料进行进一步精心筛选和整理分类，比如：从活动形式方面，可将其分为规则游戏和竞赛性游戏；从性质上，可将其分为体能游戏和智能游戏；等等。

（二）创新传统民间游戏活动

从传统体育游戏的内容上进行创编。在传统体育游戏的开展过程中，教师可以根据幼儿已有生活经验及自身的发展特点和水平，从游戏的背景、情节、玩法上进行创编。对于游戏玩法的创编，具体方法有两种：一种是组合法，另一种是拓展法，两种方法的共同目的都是促进幼儿的全面发展。以下为教师的观察记录表。

1. 组合法

活动观察记录表1

游戏名称：跳格子　　　班级：大一班　　　任课教师：陈老师　　　时间：2018年5月21日

原来游戏	调整后游戏	幼儿行为	教师反思
幼儿根据地上画的格子，自主制订游戏规则，可以单脚跳、双脚跳，也可以单、双脚换着跳	在游戏开始之前，通过玩"石头剪刀布"游戏，把幼儿分为两组。两组幼儿再通过玩"石头剪刀布"方式决定玩游戏的先后顺序。游戏开始，幼儿把沙包扔到指定位置，然后按照地面上格子里小脚丫的数量，单、双脚换着跳，并在跳到沙包旁边时，捡起沙包，跳到终点，就算胜利了	幼儿自由组合，自主开展"跳格子"游戏	增加了传统体育游戏的难度，也提高了幼儿对传统体育游戏的参与性及趣味性

2. 拓展法

活动观察记录表2

游戏名称：有趣的沙包　　　班级：大一班　　　教师：陆老师　　　时间：2018年5月28日

原来游戏	活动过程	幼儿行为	教师反思
两组的形式进行，每组有4—6人，一组扔沙包，一组躲沙包。扔沙包的一组要分别站在场地的两边，沙包打到躲沙包的人身上，就可以淘汰一个人；躲沙包的人如果能够接到扔来的沙包，就可以救一名已被淘汰的自己组的队员，直到躲沙包的一组所有人都被淘汰为止	把原有的沙包扔向幼儿改编成把沙包扔向标有不同数字的塑料布所做成的窗口	幼儿勇于挑战，积极和组员扔沙包，愉悦参与游戏	降低了游戏过程中的安全隐患，保障幼儿的安全，还使幼儿在身体得到锻炼的同时，增强幼儿对数字的认识，让幼儿在游戏的过程中学习数学知识，增强游戏的趣味性

3. 从传统体育游戏的形式与活动场地上进行创编

活动观察记录表3

游戏名称：小老鼠上灯台　　班级：大二班　　教师：邓老师　　时间：2018年6月11日

原来游戏	调整后游戏	幼儿行为	教师反思
"小老鼠上灯台"这个游戏最早是属于童谣说唱游戏，后来渐渐地人们把它改编成了体育游戏，原有的游戏玩法是在室内玩，幼儿从凳子上跳下来	把原有的童谣游戏中的"咕噜咕噜滚下来"改编为"咕噜咕噜跳下来"；把"小老鼠上灯台"这个传统体育游戏与现代游戏"海洋球"相结合，游戏场地改为海洋球游乐场里，把原有的"从凳子上跳下来"改为"从大型海绵垫上跳到海洋球里"	幼儿对活动充满兴趣，能一边念着童谣一边游戏	把一些不同类型的游戏有机地联系在一起，也可以把一些传统游戏、歌谣改编成体育游戏，就产生了新型的传统体育游戏

4. 从传统体育游戏的材料上进行创新

活动观察记录表4

游戏名称：套圈　　班级：大二班　　任课教师：姜老师　　时间：2018年6月25日

原来游戏	调整后游戏	幼儿行为	教师反思
指幼儿脸庞大小的塑料圈或者铁圈，地上放着多种多样的物品，参加游戏的幼儿，站在规定的线外，用圈套出哪个物体，哪个物体就归谁	用呼啦圈替代套圈用的专用圈，把收集的牛奶瓶子擦洗干净，并让幼儿在幼儿园的沙坑里装上沙子，充当宝物；让幼儿积极动脑动手组建新的游戏材料，并把跳绳的一端系在呼啦圈的一侧，可以用两人一组的形式开展游戏，一个套圈，一个拉宝物	幼儿主动寻找材料代替，愿意与他人合作游戏	在开展传统体育游戏的材料收集与选取方面做了努力，积极从日常生活中，从幼儿园寻找可用的替代品

三、幼儿园传统民间游戏活动建议

第一，合理选择游戏，保障游戏结构的完整性。传统民间游戏题材的选取和游戏的设计，既要保证游戏整体完整，又要符合幼儿成长的实际情况。一方面，幼儿教师对游戏要有一个整体的了解；另一方面，对游戏要有充足的准备，这样才能充分发挥传统民间游戏自身的价值，实现幼儿的全面发展。

第二，科学设计游戏，加强幼儿认知和认同感。

第三，幼儿园传统民间游戏是由流传在民间的童谣和习俗组成，其包含许多民间民俗文化和生活方面的知识。幼儿传统民间游戏的顺利开展离不开幼儿间的团结合作，幼儿在游戏中学会与他人的友好相处，还能积极地投入到民间文化的学习进程中，加强幼儿对民间文化认知感的教育，进而才能让民间文化传承下去。

第四，提升专业素养，促进游戏有效开展。幼儿教师在幼儿园传统民间游戏的开展中，为了促进幼儿的学习和发展，不仅要做幼儿学习的支持者、合作者，更要在民间文化的学习中做好幼儿的引导者。但是有些教师组织游戏活动往往是为了游戏而游戏，很少从游戏本身的价值和幼儿发展去考虑问题，很少有教师会有意识地引导幼儿去感知和认识中国的传统文化，而在幼儿园开展传统民间游戏的很重要的目的就是传播和传承中国传统民间文化。因此注重教师专业能力的培养，能有效促进传统民间游戏的开展，从而达到游戏目的。

第五，挖掘游戏价值，加大改编力度。游戏虽然具有较高的文化价值，但是其适用范围比较窄，不利于幼儿自身的发展。对于这些游戏的开发，幼儿教师应加强对其的重视，不能盲目地开发游戏本身的内容，还需要结合幼儿自身发展的特点，对已有的传统民间游戏进行相应的改编，以适应幼儿的发展和现代社会的需求。

在游戏开发中，如何让具有文化价值的传统民间游戏得到充分的发展，是一件值得深思的事情。因此，传统民间游戏是传统民俗文化必不可少的部分，我们要在对传统民间游戏发展的同时，还要加强对优秀文化的重视，从而使民间文化得到更好的传承。

参考文献

［1］毛曙阳.关于幼儿游戏的本质及其对幼儿的发展价值的思考［J］.学前教育研究，1999（6）：20.

［2］杨清平.幼儿园民间游戏选材与运用研究［J］.学前教育研究，2016（6）.

［3］孙小小.幼儿园传统体育游戏的开发与应用［J］.学前教育研究，2016（6）.

（珠海市平沙中心幼儿园　刘宇红）

课题成果

《基于幼儿社会性发展的中国传统节日
主题活动的研究》结题报告

课题组负责人：张清华

课题组核心成员：文红彬、赖贱香、刘丽明、李秋华、李燕萍

丰富多彩的传统节日文化不仅是中华民族智慧和文明的结晶，其丰富多彩的节日习俗和活动对促进幼儿社会性发展也起到不可或缺的作用。通过传统节日教育，有助于培养其团结合作、自信自尊等社会交往能力，同时能够从中体验传统节日的文化习俗，感知传统文化的博大精深，体会传统节日所传达的民族精神，学习遵守相关的社会秩序与行为规范，建立归属感。本课题研究中，课题组以传统节日作为载体，选用春节、元宵节、端午节、中秋节、重阳节等具有代表性的传统节日，采用文献资料研究法、行动研究法、经验总结法，结合本园实际及幼儿兴趣等因素，开展基于幼儿社会性发展的中国传统节日主题活动的实践研究，历时两年时间，收集了大量素材，积累了一定经验，现总结如下。

一、课题研究的背景、现状及意义

（一）研究的背景

1. 开展传统节日教育是贯彻落实国家、《幼儿园教育指导纲要》的相关要求

（1）2005年，中央宣传部、中央文明办、教育部、民政部、文化部（现文化和旅游部）等多部门共同发布了《关于利用传统节日弘扬民族文化的优秀传统的意见》的通知。通知重点指出，传统节日中所蕴含的民族文化的优秀传

统是进行思想道德教育的宝贵资源，并进一步要求行政部门研究制订具体措施和办法贯彻传统节日教育，把传统节日严格纳入学校的教育活动之中。

（2）2014年，教育部印发了关于《完善中华优秀传统文化教育指导纲要》的通知，进一步明确了加强中华优秀传统文化教育的重要性和紧迫性。

（3）在《幼儿园教育指导纲要（试行）》中明确指出，幼儿园教育是基础教育的重要组成部分，是我国学校教育和终身教育的奠基阶段，在社会领域中明确规定幼儿园应当充分利用社会资源，引导幼儿实际感受祖国文化的丰富与优秀，感受家乡的变化和发展，激发幼儿爱家乡、爱祖国的情感。

2. 开展传统节日教育是当前社会现状的需要

我国有着悠久的历史文化传统，也有丰富多彩的传统节日文化，传统节日文化不仅是中华民族智慧和文明的结晶，其丰富多彩的节日习俗和活动对促进幼儿社会性健康发展也起到了不可或缺的促进作用。而在当前，这些具有民族文化特色的传统节日正在被人们逐渐淡化，甚至是忽视。反而孩子们所熟知并热衷的却是"洋节日"。如果幼儿在这种传统文化长期疏离和淡化的环境中成长，他们对传统节日就会更加陌生，这对于传承传统节日文化中所蕴含的民族精神也是不利的。

3. 开展传统节日教育符合我园的实际需要

我园教师通过观察、访谈等发现，目前这些"独"二代的孩子中，大多数都是由祖辈和父辈共同抚养，这些孩子在成人的过渡溺爱与保护下，责任意识、规则意识缺乏，如何看待自己、对待他人、与人友好交往等社会性发展也正在减弱。

（二）研究意义

丰富多彩的传统节日文化不仅是中华民族智慧和文明的结晶，其丰富多彩的节日习俗和活动对促进幼儿社会性发展也起到了不可或缺的作用。通过传统节日教育，让幼儿参与到传统节日的活动中，与同伴、成人友好交往，团结互助，有助于培养其团结合作、自信自尊等社会交往能力，同时能够从中体验传统节日的文化习俗，感知传统文化的博大精深，体会传统节日所传达的民族精神，学习遵守相关的社会秩序与行为规范，进而建立归属感。

二、研究过程与方法

（一）研究综述及概念界定

1. 研究综述

通过文献查阅了解到，目前国内很多幼儿园都在开展传统节日的教育活动，家长和老师也都普遍认为在幼儿园开展传统节日教育活动是有必要的，但是也存在一些问题，具体表现在以下几个方面：

（1）教师在选择传统节日的教育内容中大多依赖教材或网络教案，基于园所实际的生成性活动少。

（2）在传统节日的主题教育活动中，专门性的教育活动多，一日生活各环节的渗透比较少。

（3）传统节日主题活动教育中，区域投放的成品材料比较多，幼儿的选择性少。

（4）在传统节日的环境创设中，幼儿的参与少。

（5）绝大多数家长将传统节日教育的责任寄希望于幼儿园，自身缺乏主动参与并支持活动的意愿，在传统节日教育中的责任意识少。

在本课题研究中，课题组以传统节日作为载体，选用春节、元宵节、端午节、中秋节、重阳节等具有代表性的汉族传统节日，挖掘传统节日文化内涵，设计丰富多彩的主题教育活动，让幼儿浸润其中，感受我国独有的传统文化情怀，促进幼儿的社会性发展。

2. 概念界定

（1）幼儿社会性发展：本研究中，幼儿社会性发展主要是指让幼儿在传统节日主题活动中，建立积极健康的人际关系，具有安全感和信任感，发展自信和自尊，在良好的社会环境及文化的熏陶中学会遵守规则，建立基本的认同感和归属感。

（2）中国传统节日：中国传统节日是社会生活中人们所流传下来的精华，它周期性的特点区隔出生活中的各个阶段，展现了各个阶段所代表的含义，并在传统节日活动中，保留了本民族优秀文化中最精致、最经典的一面。我国的传统节日以春节、元宵节、清明节、端午节、重阳节最具代表性。在本课题中，课题组将以春节、元宵节、端午节、重阳节为例。

（3）主题活动：本课题中的主题活动是指在幼儿园综合课程中，以某个传统节日为中心展开的，具有一定的时间跨度，是相互关联的一系列教育教学活动的集合体。

（二）研究目标

（1）通过课题研究，让幼儿初步感受中华民族的传统文化，激发幼儿对传统节日习俗的兴趣，通过亲身参与活动的方式，喜欢并适应群体生活，学会关心尊重他人，学会在活动中与同伴友好交往的基本规则和技能。

（2）通过课题研究，让幼儿在群体生活中学习遵守基本的行为规范，具有初步的归属感，产生爱集体、爱家乡、爱祖国的情感。

（3）通过课题研究、实践，深入挖掘传统节日的文化内涵，寻求开展传统节日主题教育活动的有效途径和策略。

（三）研究内容

（1）探索在不同传统节日背景下的主题教育活动。

（2）探索开展传统节日主题活动的途径与策略。

（四）研究方法及思路

本课题主要采用文献资料研究法、行动研究法、经验总结法进行基于幼儿社会性发展的传统节日主题活动研究。研究思路为：按照课题要求确定节日→选定所用主题→根据幼儿兴趣生成主题活动→开展实施传统节日主题活动→优化调整传统节日主题→形成传统节日主题活动集。

（五）研究的阶段进程

本课题主要经历了以下几个阶段：

1. 准备阶段（2016年4月—2016年8月）

课题负责人带领课题组成员进行相关资料的搜集与学习，就本课题研究的"价值性""必要性""可行性"进行讨论，初步完成了课题设计方案，完成了课题申报工作；召开教研会议，明确了课题关键概念和研究目标、内容，进一步完善了课题方案，于2016年7月6日邀请专家来园对课题进行指导、论证，并正式开题。

2. 实施阶段（2016年9月—2018年2月）

根据明确的研究目标和研究内容，课题组成员就传统节日的选择、主题活动的设计、主题的实施、活动的实效反思等进行了详细的实践与研讨，课题组认为：①传统节日的选择。需要指出的是要区分哪些节日属于传统节日，我国有丰富多彩的传统节日文化，这些传统节日都蕴含了深邃的中华民族文化和精神价值观，每个传统节日又各有特点，因此，课题组从课题研究目标及内容出发，选择了最具有代表性和典型性的汉族传统节日，如春节、元宵节、端午节、中秋节、重阳节等。②主题活动的设计。课题组认为在进行传统节日的主题活动设计时应考虑营造节日氛围、幼儿充分参与体验、家园、社区有效合作、日常活动的渗透等因素，从幼儿的兴趣、能力出发，结合不同传统节日的特点而有所侧重地设计主题教育活动，发展幼儿相应的社会交往能力和适应能力。③主题的实施。在主题实施过程中，课题组成员群策群力，共同制订相应的活动方案，注重营造节日氛围，注重挖掘不同传统节日的核心价值，注重幼儿的直接体验，并给予充分参与。④活动的实效反思。经过多次的活动实践与反思，我们不断挖掘亮点，优化调整方案，使各个传统节日主题活动更加完善合理。

随着课题的不断研究，课题组成员对传统节日的选择、主题的设计与实施等进行了梳理与总结，老师们积极撰写相关论文，部分教师撰写的论文分别在省、市、区获奖，有效提升了教师的专业能力。

3. 结题阶段（2018年3月—2018年7月）

本阶段主要是完善、整理、提炼相关研究成果。自开展课题研究两年多时间以来，课题组对照研究目标和研究预期成果要求，整理了不同传统节日的主题活动资源，包括主题活动目标、主题活动的领域课程、环境创设照片、活动的记录与反思等，积累了大量鲜活的原始材料，一个个丰富多彩的传统节日活动，一份份翔实的课题材料无不凝聚了课题组成员辛勤的汗水和收获的喜悦。

三、本课题研究成效

（一）探索出在传统节日主题活动中促进幼儿社会性发展的策略与途径

1. 在传统节日的主题环境创设中促进幼儿的社会性发展

环境作为一种"隐性课程"，对幼儿的成长和发展起着不可或缺的作用。在传统节日的主题活动中，教师根据每个传统节日的特点和蕴含的核心价值，以幼儿为本，让幼儿充分参与环境创设，营造了与之相适应的节日氛围，让幼儿在环境中认识并喜欢传统节日，进而萌发爱集体、爱家乡、爱祖国的情感，促进幼儿自信心、归属感等社会性发展。如在新年的主题环境中，教师请幼儿将家里带来的废旧红包制作成灯笼和福字，邀请家长和孩子一起剪窗花、做拉花、编织中国结、写对联等，并将这些作品布置在班级室内或室外，营造出新年喜庆与热闹的节日氛围。在端午节主题环境中，教师和幼儿一起在班级门口悬挂艾草、菖蒲、彩蛋、五彩绳等，将幼儿参与包粽子、制作香包、赛龙舟等活动的图片张贴在主题墙上，让幼儿参与制作赛龙舟使用的道具，突出了端午节的节日文化特色。在走廊悬挂灯笼、废旧月饼盒、嫦娥、月亮等有关中秋习俗的物品。在班级主题上张贴不同时间的月亮变化、月饼制作的过程、与家人团聚的合影等图片，营造中秋团圆的节日氛围。在重阳节主题环境中，和孩子一起收集有关重阳节风俗的图片、资料，张贴亲子活动"孩子为爷爷奶奶洗脚""爷爷奶奶表演""献给爷爷奶奶项链"等相关照片，营造了浓浓的尊老、爱老、孝老的节日氛围。

教师通过将传统节日文化渗透到环境创设中，让幼儿从环境中感受中国传统节日文化的魅力，进而萌发了幼儿的集体意识和爱家乡、爱祖国的情感，幼儿主动参与到节日环境的创设中，让幼儿成为环境的主人，不仅增加了和同伴交流的机会，也增进了自信心的建立。

2. 在传统节日的区域活动中促进幼儿社会性发展

（1）合理划分区域活动空间，满足幼儿的主动探索和交往。《幼儿园教育指导纲要》指出，幼儿园的空间应有利于引发幼儿的主动探索和交往。合理的空间设置是保证幼儿自主探索的前提。在以往的区域设置中，幼儿一旦选择一个区域开展游戏，就只能在固定的区域完成当次的活动，这样做不仅限制了幼儿的活动，不利于幼儿与同伴之间的交流与合作，也在很大限度上阻碍了幼儿的主动探索。因此，在传统节日的区域活动中，教师将区域设置进行了合理划分，在每个区域都留了两个或两个以上的出入口，同时允许幼儿在区域之间走动，鼓励幼儿自主选择材料、游戏的地点等。如在春节的主题活动中，有的幼儿在艺术区制作了鞭炮、灯笼，有的幼儿在建构区搭建了春节的戏台，艺术区幼儿制作的灯笼和鞭炮又可以作为建构区戏台的装饰，当春节戏台搭建好以后，幼儿又可以前往表演区选择服装道具进行表演。这样，幼儿在互动式的区域中自主选择和开展游戏活动，不仅能让幼儿通过亲自操作、体验来感知传统节日文化，培养幼儿的归属感，也让幼儿在游戏中进一步提高了人际交往与同伴合作的能力。

（2）提供多样性、开放的游戏材料，满足幼儿的兴趣需要。区域是以幼儿自主探索为主的活动，更加适合幼儿自主性的发展。课题组认为，只有在区域中给幼儿提供开放的、多样性的游戏材料，才能最大限度地支持幼儿的主动探索。因此，在传统节日的主题区域活动中，教师根据不同的节日主题投放了相应的开放性材料。如在中秋节主题活动中，教师在图书区投放了《月亮姑娘做衣裳》《嫦娥奔月》《玉兔捣药》《朱元璋月饼起义》等绘本书籍和录音材料，让幼儿欣赏与月亮有关的传说、神话故事和古诗。在艺术区投放了各种材质、各种颜色的布、蜡光纸、橘子壳、柚子壳等，幼儿可以自主选择不同的材料制作灯笼。在生活区投放了面粉、鸡蛋、月饼模具等，幼儿可以自主开展制作月饼的游戏活动。这些没有固定玩法且具有多样性的游戏材料，满足了幼儿的兴趣需要和探索欲望，让幼儿在主动探索、亲身体验的游戏活动中获得成功，增强自信，同时也加深了对传统节日习俗的认识。

3. 在传统节日的活动中促进幼儿社会性发展

我国传统节日文化内涵丰富，活动形式多样，课题组从幼儿的年龄特点和幼儿园实际情况出发，从中选择了一些互动性强、趣味性高的节日活动作为载体开展传统节日教育，让幼儿在主动参与活动的过程中得到社会性发展。例如：新年主题活动，中国素有"礼仪之邦"之称，春节正是对孩子进行亲情教育、感恩教育和文明礼仪教育的大好时机。教师以此为契机，开展了"我是小客人"的活动，通过情境表演活动让幼儿知道了去亲朋好友家做客时的各种礼仪，学会了晚辈要向长辈拜年的礼节，知道说基本的祝福语等。除此之外，还让幼儿通过一些实际行动来表达感情，例如：给长辈倒杯水，聊聊天或餐后擦桌子，这样既培养了孩子的劳动意识，又能让他们体验与亲人团圆的浓浓亲情氛围，从小培养孝心、感恩之心。在端午节"粽叶飘香，端午情"的系列活动中，教师设计了亲子活动——包粽子。活动前，孩子们和爸爸妈妈或爷爷奶奶一起准备各种各样的粽子馅料；活动中，孩子们与爸爸妈妈、爷爷奶奶一起动手包粽子；在分享环节，教师有意识地引导孩子与爸爸妈妈、老师和同伴分享粽子，通过这样的活动让幼儿在感受传统节日文化习俗的同时，知道感恩父母、老师和一起陪伴在身边的小伙伴们。在重阳节"九九重阳节，浓浓祖孙情"活动中，我们设计了活动：为爷爷奶奶制作节日礼物——项链，为爷爷奶奶捶捶背、洗洗脚，献上歌谣，让爷爷奶奶展示他们的本领等活动，进一步建立了亲密的子孙关系，激发了幼儿尊老、爱老、孝老的情感。

4. 在一日环节中渗透传统节日教育，促进幼儿社会性发展

在课题研究中，教师们秉承"一日生活皆课程"的理念，将传统节日教育有机地渗透到一日生活的各个环节。如在晨间问候时间，教师将传统节日的文化习俗、典型活动等通过信息板的形式和幼儿一起分享，既发展了幼儿的语言表达能力，也增强了自信心。在学习活动中，教师根据不同传统节日的特点，通过大、小组活动的形式开展传统节日教育，如中秋节中小组活动"五彩的灯笼"、端午节小组活动"扎五彩绳"、春节小组活动"剪窗花"、中秋节大组活动"月亮姑娘做衣裳"、端午节大组活动"划龙舟"等，让幼儿在主动参与活动的过程中感受到传统节日文化的丰富内涵，同时增强了与他人沟通、合作等社会性发展能力。区域活动是以幼儿自主探索为主的活动，也是幼儿实现自主性发展的重要载体。在传统节日的主题活动中，教师会根据不同传统节日的核心价值与内涵在区域添加新材料，如春节，教师在艺术区提供了废旧红包、蜡光纸等材料，幼儿可以自主选择相应的材料制作灯笼、剪窗花等，教师再将幼儿的作品用来装饰课室，幼儿看到自己的作品在教室得以呈现，其成就感和集体荣誉感就会油然而生。端午节来临，教师在积木区和玩具区投放了大量的废旧纸箱，在区域的墙面增加了划龙舟的图片，艺术区投放了绸缎布料等，幼儿在区域活动时间选择材料与同伴一起制作龙舟，有的画，有的拼，有的递材料，孩子们玩得不亦乐乎，幼儿在这样的自主活动中不断提高了与同伴合作、沟通的能力。又如在元宵节，教师在生活区提供了糯米粉、饺子皮、馅料等，幼儿在区域活动中搓汤圆、煮汤圆，包饺子、煮饺子，不仅感受了元宵节浓浓的文化氛围，还让幼儿在主动参与游戏的过程中感受到自己是有能力的，进而提升了自信心。

5. 在家园合作中促进幼儿社会性发展

《幼儿园教育指导纲要》明确指出，家庭是幼儿园重要的合作伙伴。应本着尊重、平等、合作的原则，争取家长的理解、支持和主动参与，并积极支持、帮助家长提高教育能力。我们的家长来自各行各业，如果能够合理运用家长资源，将大大提高传统节日教育的质量。因此，在本课题研究中，课题组将家长作为重要的伙伴，通过多种方式与途径调动其积极性，提高了传统节日教育的实效。首先，课题组在传统节日的主题活动中，邀请家长和幼儿一起收集有关传统节日的资料，如图片、音像资料等，为顺利开展传统节日教育提供了基础，幼儿在参与收集资料的过程中也增强了对传统节日文化的了解与认识，初步建立了对祖国优秀传统文化的喜爱之情。其次，课题组利用传统节日开展了丰富多彩的亲子游戏活动，如"喜迎春节亲子时装秀""端午佳节划龙舟""中秋月圆庆团圆""重阳亲子享亲情"等活动，让家长来园和幼儿一起参与游戏活动，让大家在享受亲情、感受传统文化的同时，促进了幼儿爱父母长辈、爱班级、爱同伴老师的情感，也增强了幼儿的合作意识、分享意识。此外，课题组在传统节日的主题活动中，还邀请家长来园助教，给幼儿讲故事，展示才艺等，进一步丰富了幼儿的知识面，促进了幼儿的全面发展。

（二）完善、整理、提炼相关研究成果

1. 材料性成果

（1）基于幼儿社会性发展的传统节日主题活动集。

（2）传统节日亲子活动案例集。

（3）传统节日活动影像资料。

（4）教师论文。

（5）结题报告。

2. 经验性成果

（1）摸索到了在中国传统节日主题活动中促进幼儿社会性发展的有效经验。

（2）获得了设计、组织实施传统节日活动的宝贵经验。

四、结论与思考

（一）结论

1. 自我评价

通过本课题研究，课题组不仅摸索到了在中国传统节日主题活动促进幼儿社会性发展的有效途径和方法，构建了完整的传统节日主题活动资源，让幼儿在主题活动中了解了中国优秀的传统节日文化，逐步提高了与人交往、合作、沟通、尊敬他人的能力，也增强了爱集体、爱家乡、爱祖国的情感，促进了其大胆表达、自我肯定与欣赏的能力提升。同时，通过本课题的研究，促进了我园教师的教育观念和教育行为的不断提升，提高了我园教师对传统节日主题活动的设计、组织、实施和反思调整的能力，有效促进了教师的专业成长。

2. 家长评价

通过本课题的活动开展，家长们普遍感到自己的孩子归属感、集体意识增强了，在语言表达、与同伴的交流与合作以及自信心等方面的能力也有很大提升，家长们对我们每个传统节日的活动都给予高度评价与赞扬。

（二）思考

开展课题研究是促进幼儿园迅速发展、提升教师专业能力的有效途径，但对教育规律的探索与研究又是一件非常复杂和细致的事情，课题组在开展本课题的研究中，也还存在一些需要反思和继续研究的地方。

1. 对传统节日文化内涵的把握

我国传统节日文化源远流长，所蕴含的文化内涵丰富，其活动形式多样，在本课题研究中，课题组仅对汉族较为典型的传统节日以及习俗进行了实践。而我国地域辽阔，民族众多，每个民族都有自己的文化特色以及所蕴含的文化内涵，在下一阶段的研究中，如何更加准确地把握传统节日的内涵，挖掘各民族的传统文化，让幼儿感受更加丰富的传统文化，是课题组需要思考的研究方向。

2. 对传统节日文化活动形式的探索

在本课题中，课题组对传统节日文化活动进行了实践研究，也取得了较好的成效，但是，我们知道，传统节日文化的活动形式丰富多样，如何在尊重幼儿、结合幼儿园实际的基础上，让传统文化节日的活动形式更加具有代表性、教育性、实效性，也是课题组接下来要研究和探索的方向。

总之，传统节日文化具有重要的教育价值，对弘扬民族艺术、振奋民族精神、提高民族认知、传承民族文化以及促进幼儿身心和谐发展都发挥着重要作用。世界各国都有着自己独特的传统节日文化，各国幼儿园也都纷纷将传统节日教育作为幼儿园的一项重要教育活动，以增强幼儿的民族认同感，同时也培养幼儿对各种传统文化的尊重。今后，我们也会继续倍加珍惜并抓住这一教育契机，引导幼儿充分认识传统节日的文化价值，以传统节日教育为载体，广泛开展幼儿园传统文化教育。

五、致谢

感谢上级领导的关心和指导，感谢园领导和全园师生的积极配合和诚恳建议，感谢在本课题研究和活动开展中给予大力支持的各位家长。该课题历经两年迈入结题阶段，其成效显著，与你们的辛勤劳动和无私奉献是分不开的。

参考文献

[1] 王文章，李荣启.中国传统节日的文化内涵［J］.艺术百家.2012，（3）.

[2] 姚莉.中国传统节日文化与幼儿园课程整合性研究［J］.教育教学研究.2004（3）.

[3] 中华人民共和国教育部.幼儿园教育指导纲要（试行）［S］.北京：北京师范大学出版社，2001.

[4] 中华人民共和国教育部.完善中华优秀传统文化教育指导纲要［S］.北京：北京师范大学出版社，2014（3）.

珠海市香洲区五洲幼儿园

2018年7月

《幼儿园绘本游戏的设计与实践研究》中期报告

一、提出问题

（一）幼儿身心发展的需要

阅读是幼儿语言学习的重要组成部分，是幼儿认知世界、融入社会的重要途径。一些研究表明，培养幼儿养成良好的阅读习惯，对其入学后的阅读兴趣和阅读理解能力有着至关重要的作用。绘本阅读能丰富幼儿的语言，还能提高幼儿的审美能力和逻辑推理能力，以其文学性和艺术性的相融合，可以巧妙地唤起幼儿的阅读兴趣，对促进幼儿创新能力、自我发展有着不可替代的教育意义。

（二）新《幼儿园教育指导纲要》中指出

新《幼儿园教育指导纲要》指出，"利用图画、绘画和其他多种方式，引发幼儿对书籍、阅读和书写的兴趣，培养前阅读和前书写技能。""引导幼儿接触优秀的儿童文学作品，使之感受语言的丰富和优美，并通过多种活动帮助幼儿加深对作品的体验和理解。"绘本是文字、插画、整体设计的结合，绘本的图画语言形象直观，以娱乐和游戏的方式让幼儿在故事中收获感动和快乐，符合幼儿形象性思维的特点，更能激发幼儿的阅读兴趣；绘本是社会性、文化性和历史性的结合，绘本穿越各种文化背景，故事精彩有趣、富有悬念，可以帮助幼儿对故事情节展开丰富的联想，激活其想象力和创造力，为幼儿在快乐的情感中获得成功和幸福；绘本是工艺性与教育性的结合，绘本的画面精美，富有内涵，能给幼儿以艺术审美的熏陶，使幼儿获得审美能力的培养。

（三）我园开展绘本阅读活动遇到的问题

我园从2014年开始以分享阅读的形式开展绘本阅读活动。开展一年后，有一定成效，也遇到了一些问题。有些老师反映班上的孩子不喜欢参加绘本阅读活动，觉得很无趣。通过研讨分析知道，不喜欢绘本阅读的班级是以看图说话的阅读形式开展活动，而喜欢绘本阅读的班级是以游戏形式开展阅读活动的。我们也知道，游戏是幼儿最喜欢的活动形式，游戏的自主性、趣味性、虚构性以及社会性等最符合幼儿的身心特点和学习特点。

通过在中国知网、维普网进行相关检索，在国内外关于阅读和绘本有大量的研究，研究发现绘本阅读对儿童各方面发展有重要作用。而针对绘本游戏的研究比较少。相关的研究有对一些绘本进行游戏设计和实施，但并没有针对绘本游戏开发出系列的课程。于是我园确立此研究课题，并有幸被立项为珠海市"十三五"重点课题。

二、概念界定

绘本游戏是指，教师在分析利用绘本元素的基础上，让幼儿自主地感知、幻想，在欢愉中想象，并通过虚拟情境再现绘本场景，从而激发幼儿的兴趣，并从中获取多方经验和能力的一种游戏。

三、研究目标

（1）使孩子对绘本阅读产生浓厚的兴趣，并促进其多方面能力的发展。
（2）让孩子在绘本阅读中获得身心的和谐成长。
（3）形成园本特色课程。

四、研究方法

我们主要使用文献法、调查法、观察法、案例法、行动研究法。

五、研究过程

（一）课题启动阶段

我们邀请了市教育研究中心刘文军老师、香洲区教科培周新桥副主任、港区社会工作局陈月娇主任和华丰幼稚园苑璟园长参加了我们的开题报告会。专家们给我们提出了很多宝贵意见，使我们的研究思路更加清晰。

随后，我们马上召开课题动员大会，统一认识和思想，增强课题研究实施的目的性和研究力度，达成对课题概念的统一界定和教学的共识。

问卷调查：根据课题研究内容，我们对全园幼儿进行了"幼儿家庭绘本阅读情况"和"幼儿在园绘本阅读情况"问卷调查。经过数据的统计分析知道：大多数孩子对绘本阅读兴趣一般；在园自主游戏时间，较少孩子选择到阅读区阅读绘本；幼儿家庭绘本的数量都不多，孩子在家每天的阅读时间不长，有的甚至没有，只有极个别孩子的家里设有孩子专门用于阅读的地方；较少家长在家与孩子进行亲子阅读；只有个别孩子能独立阅读；大部分孩子的阅读理解能力、想象力、创造力、审美能力都一般，有的则较差，孩子没有养成良好的阅读习惯。根据问卷调查和数据统计分析情况，我们制订研究计划，开展了相应的研究活动。

（二）绘本游戏的设计流程

幼儿园针对绘本游戏的研究成立了专题教研组，开展绘本游戏的设计与实践工作。

教研组采取以下步骤完成绘本游戏的设计：①选择绘本；②集体设计；③小组试玩；④分析研讨；⑤调整策略。

1. 选择绘本

教研组从孩子们熟悉的众多绘本中，分年龄段选择绘本作为游戏设计的蓝本。在选择绘本时，我们主要考虑三点：第一，绘本内容必须是孩子们熟悉和喜欢的；第二，绘本本身的趣味性及游戏性；第三，绘本中的角色、场景、情节是否具备开展游戏的可能性。在选择的过程中，教师还应做到准确分析绘本内容，即教师能够准确地找出绘本本身所隐藏的游戏环节。

2. 集体设计

教研组按年龄段组织教师设计绘本游戏，在设计的过程中，要求把握以下三个原则：

第一，适宜性。教师要能准确地把握本年龄段幼儿的游戏特点。

第二，多样性。幼儿游戏的形式是多种多样的。在设计游戏的过程中，教师要通过分析绘本特质，设计出融教育性、可玩性为一体的各类绘本游戏。游戏大致可以分为益智类、艺术类、体育类、语言类等。只有形式多样的游戏类型，才能得到孩子们的喜欢和青睐。

第三，趣味性。游戏的设计要有创意，符合孩子的审美情趣，因为不是所有的绘本都能设计成好玩的绘本游戏。教师在设计的过程中要时刻牢记趣味性的原则，只有有趣的、好玩的游戏，才能真正地在孩子们中开展起来。

就以我们刚才观摩的3个活动为例，《向0敬个礼》绘本本身就有一个数学游戏，我们把游戏单独抽出来，让孩子亲身体验游戏的玩法，这样孩子的兴趣更高，玩得更嗨；《谁藏起来了》绘本本身就是孩子们非常熟悉的躲猫猫游戏，我们只是简单加一个套圈，就能把游戏变得更加有趣；《讨厌的肥猫》这本绘本中的角色、情节等具备开展游戏的条件，于是我们设计了"喂肥猫吃东西"和"营救行动"两个小游戏，让孩子对肥猫的吃和吐有了更深的体会。

3. 小组试玩

小组试玩是指教师将设计好的绘本游戏，在适合的年龄段幼儿中开展。游戏试玩的人数根据绘本游戏的实际人数来定。例如，有些绘本游戏适合个体玩，有些适合两人玩，有些则适合小组玩，在试玩的过程中应该按照游戏设计的人数进行。试玩采取录像跟踪的形式，便于研讨和发现问题。教师主要从目标定位、材料准备以及游戏过程三个方面观摩、记录试玩的过程。

4. 分析研讨

在分析幼儿游戏实施的过程中，应注意优点的积累与问题的反思。在分析存在的问题时，教师应以谈话或调查的方式，多采集来自幼儿本身的意见或建议，在这一过程中应充分体现师幼合作，而不是通过教师个人的思考来解决绘本游戏中存在的问题。

5. 调整策略

绘本游戏的调整策略应该是根据分析研讨中存在的问题进行有效的调整。在调整的过程中，要明确幼儿才是绘本游戏的主人，所有策略的调整应该从幼儿出发，以幼儿为本。

就如我们刚看的按照绘本《讨厌的肥猫》设计的活动，开始时，我们只设计了肥猫吃和吐的情节。在试玩过程中，有孩子发现肥猫吃了东西之后身体根本没有变肥。于是，我们采纳了孩子的建议，增加了肥猫吃东西变肥、吐东西变瘦的情节，让孩子更直观地感受肥和瘦的变化。

（三）绘本游戏的指导策略

我们认为，绘本游戏的指导应该渗透并贯穿于游戏的始终，应该体现在创设游戏情境、提供游戏材料、实施有效观察、寻找合理参与契机、引导幼儿讨论分享、提升幼儿经验等方面。教师要将教育意图有机地渗透到环境中，以环境对幼儿的影响来达到有效指导游戏的目的。

通过实践，我们将绘本游戏的主要指导策略归纳为以下三种方式。

第一，提供材料，无声指导。苏联教育家马卡连柯说："玩具是游戏的中心，没有中心，游戏就玩不起来。"由此可见，材料是游戏的物质基础，有效的材料能推进游戏的开展。教师要以本班绘本游戏开展的情况为依据，从游戏内容的确立、游戏材料的提供、游戏常规的建立等方面为绘本游戏的开展和推进做好准备工作。

第二，借助观察，适时指导。教师要通过观察幼儿的游戏来不断提供游戏材料，推进游戏的进程。同时也要根据游戏的发展提出问题或建议，用语言来推动游戏的延伸和扩展。在这个过程中，教师观察的方法大体分为随机观察和有目的的观察。随机观察是为了更好地了解幼儿的行为、动机、困难、情绪等，以便把握干预时机、满足游戏需要、推进活动进程；有目的的观察有助于教师针对性地了解幼儿现有的发展状况和个别差异，以便因材施教，不断调整教育方案。

第三，直接介入，有效指导。尊重幼儿的游戏过程，保护幼儿的游戏创意是教师进行干预时应遵循的原则。幼儿之间相互沟通、相互协作是绘本游戏最大的特点。幼儿在游戏的互动过程中，时常会遇到一些问题或产生矛盾，尤其是在大班的游戏过程中，教师往往处于"观望"状态，希望幼儿能够自行协调，自己解决问题和矛盾。实际上当幼儿难以与他人沟通或是在游戏中出现负面效应时，教师应该采取必要的干预措施，让幼儿学会正确的沟通和解决矛盾的方法。

（四）系列活动旨在深化课题的开展

除了开展常规的绘本游戏课程，我们还开展了丰富多彩的系列活动，以进一步深化课题的开展。

1. 家庭绘本区评比活动

孩子的阅读，与其说是一个掌握知识的过程，不如说是一个与家长共同游戏的活动。在这个过程中，孩子的第一需要是父母的爱。那么，为孩子们创设一个温馨、安静、舒适的家庭亲子阅读区显得尤为重要。亲子阅读区的布置为父母与孩子提供了一种更新更系统的以培养兴趣为主的阅读场所，让家长在轻松愉快的氛围中，带着欣赏的眼光发掘孩子身上蕴含的无限潜力，与孩子一起感受着浓浓的亲情、分享着阅读的快乐。同时实践也证明：帮助孩子建立"家庭亲子阅读区"，引导孩子爱读书、会读书、读好书，充分发挥"家庭亲子阅读区"的作用，是使孩子达到知识彼岸的有效途径，更是丰富家庭文化生活的源泉。

我园于2017年4月3日至4月17日发起了"家庭亲子阅读区"评比活动。活动得到了家长们的大力支持。活动截止后，我们收到了来自各班级家长发来的参赛作品共234幅，不少阅读区的布置新颖、温馨、舒适，洋溢着浓浓的亲子阅读氛围。随后，我们将参赛的亲子阅读区图片进行编号，集中在我园微信公众号上进行展示，以网民投票和专家评选的方式评出获奖作品。

本次评选，共评选出亲子阅读区最具人气奖十组，最具温馨奖五组，最具童心奖五组和最具创意奖六组家庭。这次的"家庭亲子阅读区"评选活动推进我园家庭图书区的普及，带动我园亲子阅读水平迈向新的阶段。

2. 绘本漂流到我家活动

为优化幼儿园和家庭的阅读环境，培养幼儿对阅读活动的兴趣。我园举行"绘本漂流到我家"活动。本次活动旨在营造良好的阅读氛围，为幼儿提供广阔的阅读空间和展示平台，通过阅读活动丰富幼儿的生活，促进幼儿良好阅读习惯和个性品质的养成，让幼儿在阅读中开阔视野，提高阅读兴趣、理解能力及语言表达能力。同时，促进师幼共读、同伴共读、亲子共读，让幼儿园书香四溢，让书香伴随孩子成长。

此活动不仅能优化资源配置，实现家庭绘本的资源共享，让孩子们分享更多的绘本图书；还能培养幼儿良好的阅读习惯，体验分享的快乐，增进社会交往的能力；建立家庭、幼儿园合作阅读共同体，搭建起家园沟通交流的平台，在互助、共享中提高幼儿的阅读兴趣。

3. 向您推荐一本好绘本

我们在幼儿园大堂和微信公众号向家长和孩子推荐经典的绘本，激发孩子的阅读兴趣，号召亲子共读。

4."阅读存折"活动

"将阅读进行到底，让幼儿在书香的熏染中慢慢长大"是我园的爱心愿望。2017年5月，我园开启幼儿"阅读存折"活动，让阅读印记落满孩子整个童年。自"阅读存折"启用之日起，家长与幼儿保证每天抽出一定的时间进行幼儿独立阅读或亲子阅读，让每日阅读成为必做之事，为幼儿后续发展奠定基础。每周五，幼儿将"阅读存折"带到幼儿园与大家分享自己本周的阅读书目、阅读经历和阅读感想。各班老师根据每个幼儿的阅读情况，对其进行鼓励性评价与肯定，让幼儿的阅读兴趣与日俱增，促进其阅读水平不断提高，并指导幼儿将阅读收获服务于日常的学习和生活，促其全方位发展。

阅读存折的设立：幼儿每读完一本书，请家长签名；每看完一本书，获得一枚阅读章；获得20枚阅读章就可评为一级小书虫；每获得20枚阅读章，就要上升一个等级；当你上升到五级时，就被评为班级读书小博士，取得参加园内读书明星的评选资格。

5.教师绘本画制作比赛

本次制作内容为幼儿经典绘本封面推荐，老师们通过不同的展示方法把绘本表现得惟妙惟肖。我们将参赛的作品进行编号，全体教职员工投票后，评出一、二、三等奖。

6.绘本戏剧表演

"孩子的童年需要文学的浸润，用表演的方式来演绎文学，将会是孩子一生中最美好的回忆。"我园于2018年1月举办幼儿绘本剧表演，通过幼儿所喜爱的绘本剧表演方式，生动展现绘本人物，融入绘本故事，走进绘本情境，获得真切的体验，为孩子提供一个表现自我、展现才华的舞台，让孩子体验演绎绘本所带来的快乐。

本学期，我们还会按计划开展亲子绘本画制作比赛、班级绘本主题墙评比、绘本图书跳蚤市场活动、我最喜欢绘本游戏评比等活动。

六、阶段性成果

（1）幼儿对绘本阅读产生浓厚的兴趣，养成了较好的阅读习惯。

（2）理解能力、审美能力、逻辑推理能力、创新能力等多方面能力得到发展。

（3）绘本游戏教案初稿、绘本电子书、绘本游戏教玩具系列。

七、存在问题及解决思路

（1）课题重在物质成果方面的研究，却忽略了对幼儿情绪体验方面的研究。

（2）教师在设定活动目标时比较笼统，不够深入和细致。

接下来，我们会在活动目标和设计中进行合理调整，让孩子得到更多的情绪体验和多方面能力的发展。

（珠海市平沙中心幼儿园　刘宇红）

《唐家湾茶果文化活动提升幼儿亲社会行为的策略研究》结题报告

传统教育在今日我国文化自信的必由之路上扮演着重要的角色。幼儿园把文化传承与幼儿期重要的社会性发展自然、有效地融合在一起，为让幼儿奠定良好的道德品质，拥有良好的人生开端具有极为深远的意义。幼儿园通过唐家湾茶果文化课题的研究，以孩子的兴趣为出发点，在各种顺应孩子们天性所生发而来的策略设计与实施中，发现教育的契机，让培养幼儿的良好的亲社会行为在传统文化的继往开来中焕发崭新的光彩。

一、课题研究的意义和内容

（一）课题研究的意义

1. 理论意义

通过分析国内外研究的现状，培养幼儿的亲社会行为及其意识是幼儿园教育的重要组成部分。本研究是以本土资源开发的形式，以茶果文化特色为探索方式，以多种方式培养并促进幼儿的社会性发展。通过制作唐家湾茶果的活动方式，以师幼互动、幼幼互动、班级混龄、大型活动等活动策略，萌发幼儿对本土文化的兴趣，有助于提升幼儿的亲社会行为，为幼儿形成良好的积极探索的情感奠定基础。本研究在理论上具有创新性，对理论发展具有很大的贡献。

2. 实践意义

课题的研究在实践中具有重要的现实意义及实际操作性。《3—6岁儿童学习与发展指南》（以下简称《指南》）中提出："要运用幼儿喜闻乐见及能够理解的方式激发幼儿爱家乡和集体的荣誉感。"我园地处唐家湾地区，一直以来致力于挖掘本土文化，构建园本课程。为发展幼儿良好的社会性，以课题研究《唐家湾茶果文化活动提升幼儿亲社会行为的策略研究》为抓手，开展为期一个学年的茶果文化实践活动，让传统文化的种子植根于幼儿的心灵深处。

（二）研究的目标

（1）在唐家湾的茶果文化活动中，培养幼儿对本土资源——茶果的兴趣，形成主动探究的积极情感态度。

（2）引导幼儿在唐家湾文化课程的设计中，通过亲手制作，与同伴一同协作完成制作茶果的过程中，帮助幼儿树立分享、合作、助人、安慰等良好的亲社会行为。

（3）课程有层次、有目的地提供茶果文化的操作材料，了解幼儿亲社会行为的发展水平，通过各种途径观察幼儿在各种亲社会活动中的表现，了解幼儿的已有经验和学习特点，认识幼儿的个体差异，允许幼儿根据自己的认知水平与同伴一同来尝试、体验、交流、分享，使每个幼儿都有足够的时间和机会去与同伴交往，共同发展良好的亲社会行为。

（三）课题研究的主要内容

第一阶段：赏茶果

创设认知环境：邀请幼儿家长一同收集唐家湾茶果文化的种类、制作材料、制作方法等资料。设置一个从一楼到三楼的楼道，通过陶艺作品茶果篇、建筑篇、传统工具篇以及在户外活动活动区中设置唐风唐韵的观赏区域——渔家文化篇，为幼儿设置不同的视觉和触觉的直观感受，让幼儿对教师布置的环境产生兴趣，与其产生共鸣，在同伴互动及游戏的过程中，萌发亲社会行为。

第二阶段：吃茶果

以一年气候的变化和节令的到来吃不同的茶果，延伸认识茶果顺应时节养生的秘密。让幼儿品尝各种不同节气而做的各种茶果。比如，正月初七人日的豆捞，三月初三的生梗（三丫苦）糕，清明节炊松糕，四月初八的拳菱印饼，五月初五的露兜粽，六月初六的百叶甜品，七月十四的炊煎堆、叶子糍，八月十五蒸芋头糕，十一月冬至炊虾米萝卜糕、九层糕，十二月岁末蒸年糕、菜角、五指楂，还有炸煎堆、炸糖环等。在品尝各种美味中，激发幼儿的分享意识，提高同伴交流的能力和水平。

第三阶段：做茶果

茶果虽然美味，但做工烦琐，所以现在会做茶果的人越来越少了，幼儿园开展唐家湾茶果文化旨在激发孩子保护传承非遗的兴趣和自觉，从而培养更多的非遗传承人。通过筛选，我们将主要以味美、简单、易于操作为前提，鼓励幼儿与同伴进行合作实践。如豆捞、叶仔、五指抓为制作的内容，为幼儿创设社会交往的情境，让幼儿在同伴共同制作的过程中，感受到分享、合作、助人、安慰等良好的亲社会行为的有效性。

（四）课题研究的主要理论依据

亲社会行为一词最早由美国社会心理学家艾森伯格于1972年提出，用来指与侵犯等否定性行为相对立的，可以让他人乃至社会获得益处的行为。同时，亲社会行为又称积极的社会行为，属于社会性行为这个大范畴，是个体社会化发展的一个重要指标。

柯尔伯格创立的亲社会行为的认知理论十分强调认知的影响，他把幼儿亲社会行为的发展归纳为三个阶段：前运算阶段——这一阶段把亲社会行为与自我享乐相联系；具体运算阶段——把别人的合理需要作为亲社会行为的依据；形式运算阶段——开始理解并尊重抽象的亲社会行为规则，更多地考虑亲社会行为接受者的利益。而这三个阶段中，幼儿的同伴交往对培养幼儿的亲社会行为有着极其重要的作用。在幼儿园的课程设置中，我们拟通过茶果文化活动，为幼儿创造交往的机会，鼓励幼儿相互支持，彼此达成认识自我、认识同伴，培养良好品质，树立责任感，进一步培养幼儿积极正向的亲社会行为。

我国教育部2012年颁布的《3—6岁儿童学习与发展指南》将亲社会行为的发展视为儿童人际交往和社会适应过程中必不可少的组成部分。亲社会行为对儿童个体而言，有助于孩子融入集体当中，和周围的人建立积极友善的社会情感。《指南》对3—6岁幼儿的亲社会行为发展做了描述性的规定，主要涉及同情、安慰、帮助、分享、合作和社会公德行为等与学前儿童发展水平相适应的行为。其中，同情、安慰、帮助、分享和合作行为在"人际交往"子领域的"愿意与人交往""关心尊重他人"等目标中有所体现，而社会公德行为在

"社会适应"子领域的"遵守基本的行为规范"等目标中有详细的叙述。其中，教育建议中提到，要创造交往的机会，让幼儿体会交往的乐趣。结合具体情景，指导幼儿学习交往的基本规则和技能，让幼儿换位思考，学习理解别人等。这些问题的提出，成为我们以通过园本课程唐家湾文化中的茶果文化活动，提升幼儿亲社会行为这一课题的缘由和研究的方向。

2015年，国家建设部、国家文物局颁发了珠海市唐家湾镇"中国历史文化名镇"铜匾，历史名镇唐家湾成为珠海旅游城的亮丽名片。我园地处唐家湾官塘社区，为了弘扬本土文化，建立园所课程特色，我园一直以来致力于挖掘唐家湾的园本课程内容。唐家官塘茶果是珠海唐家湾镇官塘村的一种民间小吃，已有几百年历史。原本是节气和祭祀时才特别制作的食品，现已走进百姓的日常生活中，并在生活中不断发展，逐渐形成"百子糕""松糕""狗朘仔""糍饼""炒米饼""糖熬米"等系列美食茶果，其种类丰富，风味独特，源远流长。2006年6月10日，官塘茶果入选首届"广东省非物质文化遗产保护成果展"，从而使官塘茶果走出唐家湾，走近食客。本次课题研究中，我们将从幼儿的兴趣点出发，以幼儿的最近发展区为设计的纬度，我们将以茶果活动为目标，以学年为时长，通过赏茶果、吃茶果、做茶果等系列过程，发展幼儿的动手能力，在与伙伴的相互协助中，感受到唐家湾茶果文化活动的魅力，而由此来发展幼儿的亲社会能力的水平。

二、课题研究的方法和过程

（一）课题研究的方法

1. 文献法

在本研究中，将查阅大量的文献来了解国内外关于幼儿亲社会行为的发展规律，就如何以茶果文化活动的多种游戏形式，提高幼儿亲社会行为的具体举措进行分析调研，在阅读、借鉴和实践的基础上，提炼出适宜于本研究的理论、观点和方法。

2. 观察法

采用非参与式观察法，指导教师以旁观者身份客观、公正地观察的行为，为幼儿在茶果文化活动中发展亲社会行为提供相关理论支持、观察量表工具等。同时，通过实践操作，及时记录、分析、观察记录，并总结提高。

3. 访谈法

在本研究中，访谈法是观察法的重要补充，它可以帮助研究者了解幼儿亲社会行为的表现及背后的意图，将其整理成相关的资料。

4. 行动研究法

通过典型课例研究，检测就本课题研究所运用的对策与措施的效果，进一步加强或及时调整研究的方式、内容。

5. 经验总结法

根据收集的各种资料与研究得出的第一手材料，归纳总结出唐家湾茶果文化活动提升幼儿亲社会行为的策略和方法。

6. 问卷调查法

为了更好地实现研究唐家湾茶果文化提升幼儿亲社会行为的策略研究，本课题小组采取了便于统计和分析的问卷调查法。调查老师对茶果文化的认识，收集和幼儿跟同伴的互动等。在调查问卷的设计方面特别注重其完整性、科学性和合理性，对于调查所得到的数据，我们做了认真的调查分析，了解和把握教师在教学中的困惑，以便及时调整教学策略。

（二）课题研究的主要过程

第一阶段：准备阶段（2017年5月—7月）

（1）申报课题，进行课题研究的开题论证及报告，查阅和整理近年来国内外关于幼儿亲社会行为的研究成果。

（2）获批后，深入班级关注幼儿亲社会行为的发展水平，收集和获得相关的事实素材。课题组的老师学习相关理论，了解课题研究的意义。

第二阶段：实施阶段（2017年8月—2018年5月）

（1）参加课题的五位老师陈敏敏、彭裕平、张萍萍、赵芬芬、王梨按计划开展研究。

（2）课题组成员彭裕平、张萍萍设计调查问卷，做好开学初的家长调查问卷，做好前测，了解小、中、大班幼儿亲社会行为的发展现状。

（3）课题组成员彭裕平、赵芬芬、王梨、张萍萍组织教师们共同布置唐家湾茶果文化的楼道。有关户外区角，邀请孩子和家长一起收集反映唐家湾茶果文化的资料和素材。

（4）根据教学目标，教师们在课程上为幼儿准备各种茶果的图片、视频等工作，请家长带幼儿到专门做茶果的地方进行观摩，萌发幼儿对茶果的兴趣，有层次地投放适合幼儿认知兴趣的茶果资料。通过同伴间的相互讨论、观察，激发幼儿主动分享的亲社会行为。

（5）教师们有计划地观察幼儿在户外唐家湾文化区对茶果的兴趣以及讨论的内容，并进行记录及反思。

（6）课题组的老师每周进行教研活动，对活动内容进行"幼儿亲社会行为发展记录表"进行教研记录，收集第一手资料。

（7）课题组成员彭裕平、张萍萍设计调查问卷进行后测，对每个幼儿的亲社会行为发展的水平进行分析，分析通过该研究培养了孩子们的亲社会行为的哪些方面的能力，按能力进行分类、分析、整理资料。

第三阶段：总结阶段（2018年6月—7月）

整理资料 → 课题总结 → 撰写结题报告 → 申请验收结题。

（1）归纳总结记录表格，将评价进行总结和分析，探索出该研究发现的策略与方法，进行课题小结。

（2）撰写结题申请和结题报告。

三、研究成果与收获

第一阶段：（2017年5月—7月）

（1）成果：撰写以《唐家湾茶果文化活动提升幼儿亲社会行为的策略研究》为主题的申请书，并设计通过唐家湾茶果文化活动提升幼儿亲社会行为前测记录表。

（2）收获：通过前测记录表帮助教师了解小、中、大班幼儿亲社会行为的发展现状。通过调查发现，大部分幼儿都是喜欢并乐意参加茶果文化活动的，对活动是充满期待的。幼儿对同伴互动交往还没有太多的意识，有时只是安静地旁观或等待其他幼儿的邀请。通过前测记录表，教师根据幼儿现状与兴趣设计相关活动。

第二阶段：（2017年8月—2018年5月）

（1）成果：以《唐家湾茶果文化活动提升幼儿亲社会行为的策略研究》为主题的个案分析、活动设计，设计通过唐家湾茶果文化活动提升幼儿亲社会行为幼儿亲社会行为前测记录表，设计唐家湾茶果课程幼儿亲社会行为观察评价记录表。

（2）收获：通过各项活动——教学活动、混龄活动、对外开放活动等，提出并总结提升幼儿亲社会行为的相关策略。

① 引发关注策略。幼儿园通过家园合作，收集唐家湾文化的各种资源。在户外区域中设置"唐风唐韵"观赏区；在楼道的围墙上设置唐家湾文化展示区，内容涵盖陶艺茶果、建筑文化、传统工具等，让幼儿尽情浸染在传统文化的氛围中。同时，通过带领幼儿实地考察官塘茶果名店，把观察和尝试制作茶果中发现的秘密相互分享，有效地激发幼儿亲社会行为良好的文明礼貌、爱护公物、保护环境的社会公德行为。

② 激发参与策略。唐家湾一年气候的变化和节令有相应的茶果，这是先人顺应时节养生的秘密。让幼儿品尝各种不同节气而做的各种茶果，比如：正月初七人日的豆捞，三月初三的三丫苦，清明节炊松糕，四月初八的荸荠印饼，五月初五的露兜粽，等等。幼儿品尝了多种应节茶果，俨然一群美食家。在此起彼伏的交流声中，幼儿提升了乐分享、会谦让等良好的亲社会行为，激发了幼儿参与制作茶果的愿望。

③ 亲身体验策略。茶果味好，但做工烦琐，越来越少的人拥有制作茶果这一传统手艺。为传承美食，班级以味美、简单、易于操为前提，鼓励幼儿与同伴实践。如豆捞、叶仔、五指抓等，从选材到实操，幼儿全程参与。他们沉浸在积极愉悦的交往氛围中，激发了他们助人、安慰、同情、合作等亲社会行为。

④ 情境创设策略。通过创设丰富的互动环境的策略，教师能及时观察幼儿的变化和发展，引发幼儿以合作共赢的方式解决互动中出现的问题、冲突，引发思考，引导幼儿产生积极友好的亲社会行为，如班级之间的茶果互品、混龄制作茶果、唐家湾文化周中的赶集会等，让幼儿在展示才艺与同伴的相互模仿中，激发助人、同情、援助、鼓励、安慰、给予等行为。

⑤ 正面强化策略。无论是自觉的还是不自觉的，儿童亲社会行为都需要得到群体的及时关注及认可。老师和同伴们真诚的鼓励，不断地强化孩子的正向行为，无论是在制作茶果的过程中或是在同伴的相互协助与交流中，又或是通过在对外展示的活动，孩子们的礼让合作和互助的亲社会行为，在成人和同伴口头语言或肢体语言的及时肯定与表扬中有效地实现了正面强化的策略。

⑥ 创新引领策略。文化需要传承和创新。孩子们在制作茶果的过程中，对于茶果的外形设计和馅料准备有了自己的想法。老师及时捕捉幼儿的需求，组织其到幼儿园的面点间观摩厨师的制作包点过程。孩子们在与面点师的互动

中纷纷提出各种有趣的问题，有效激发了幼儿对于开发新品种茶果的兴趣。老师顺应幼儿的想法，特意开展多次的小组实践，发现孩子们的作品确实不亚于新派西点。这正是培养继承、发展、创新人才的必由之路。

第三阶段：（2018年3—7月）

（1）成果：以《唐家湾茶果文化活动提升幼儿亲社会行为的策略研究》为主题的相关论文及结题报告。

（2）收获：

① 课题组成员赵芬芬的论文《唐家湾茶果文化活动促进幼儿亲社会行为发展》荣获珠海市学前教育协会颁发的2017年度珠海市幼儿园教育教学优秀论文评比一等奖。

② 课题组负责人陈敏敏的论文《茶果飘香，文化芬芳——浅谈通过唐家湾茶果文化活动提升幼儿亲社会行为的策略研究》荣获珠海市学前教育协会颁发的2017年度珠海市幼儿园教育教学优秀论文评比二等奖。并在2018中国学前教育研究会学术年会征文评比中获得三等奖。

③ 课题组负责人陈敏敏的文稿《茶果飘香，文化芬芳——浅谈通过唐家湾茶果文化活动提升幼儿亲社会行为的策略研究》刊发在省级期刊《新课程》2018年第7期刊号（$\dfrac{\text{ISSN1673--2162}}{\text{CN14--1324/G4}}$）。

④ 珠海高新技术产业开发区（唐家湾）中心幼儿园在2018年5月11日举行"茶果飘香，文化芬芳"全区公开观摩活动。2018年9月接待了北京师范大学教育学院学习班的来园参观，陈园长为大家做了以"茶果文化活动促进幼儿亲社会性的策略研究"为主题的讲座，得到了参与会人员的一致好评。

四、研究反思与困惑

1. 研究反思

在一年的课题研究过程中，课题组全体成员与主持人一同努力，收获了很多，也感悟了很多。在这个过程中，幼儿的亲社会行为得到了长足的发展，让他们感受到了传统文化的魅力。

课题组共有两篇文章在中国学前教育研究会以及珠海市学前教育协会中获奖，同时论文也拟在省级刊物上刊发。

在收获的同时，我们也看到了以下不足：

（1）由于课题是自下而上的研究路径，如果能通过专家的专业引领与梳理，相信会收获更多。

（2）为更有效、更科学、更切合实际地提升课题研究的高度，我们将会继续深入研究、挖掘及开发本土资源。在一日生活中的各种活动中培养幼儿的亲社会行为，让其成为一种自然的习得。

（3）结合本地的地理位置优势及家长资源，更好地开展家园共育相关活动。

2. 课题在实施过程中的困惑

（1）在我们这项课题研究中，其研究成果希望能得到专家能的指导和帮助。

（2）提升幼儿的亲社会行为是一项长期的目标，是需要不断地巩固才能形成良好的亲社会行为。课题结题后，我们该如何更好地开展和提升，也恳请专家评委给予指导。

📖 **参考文献**

［1］费伦猛，闫德明，沈林.如何做小课题研究［M］.北京：中国出版集团，2011.

［2］李幼穗.儿童亲社会行为及其培养［J］.天津市大学报.1999，（2）.

［3］张萍.儿童亲社会行为及其培养策略［J］.成都大学学报.2007，21（1）.

［4］王美芳，董会芹，庞维国.学前儿童亲社会行为及其影响因素的研究［J］.中国心理卫生杂志.1998，12（6）.

［5］王美芳，庞维国.学前儿童在园亲社会行为的观察研究［J］.心理发展与教育.1997，（3）.

［6］田素娥，匡明霞.幼儿亲社会行为的培养策略［J］.学前教育研究.2012，（10）.

［7］陈旭.幼儿亲社会行为培养策略研究述评［J］.学前教育研究.1996，（6）.

［8］阮素莲.幼儿亲社会行为现状及其影响因素［J］.学前教育研究.2014，（11）.

［9］张亭亭，赵洁.幼儿心理理论及其在同伴冲突解决策略中的运用［J］.
合肥学院学报.2012，29（6）.

［10］王福兰，任玮.幼儿在园亲社会行为的观察研究［J］.儿童发展与教
育.2006.

［11］《唐家湾镇志》编纂委员会.唐家湾镇志［M］.广州：广东人民出
版社，2015.

（珠海市高新区唐家湾中心幼儿园　赵芬芬）

自主性体能大循环在幼儿园中班早操中的运用

幼儿体能大循环是以促进幼儿体格健康发育为目的，尝试运用不同体育活动器械及辅助材料，在不同气候、时间，合理利用场地进行的体育锻炼活动，幼儿在活动中感受运动带来的成功感，体验运动带来的快乐。

我园在中班早操中的基本动作训练部分做了大胆的尝试：从传统式的体能活动→超市式的体能大循环→自主性体能大循环的过渡与转变。

三种体能活动方式的比较：

传统式体能活动：以班级或级组为单位，区域固定，活动内容固定，器材选择余地小，教师高控，幼儿低兴趣。

超市式体能活动：以年级组为单位，划定区域，活动内容较丰富，有选择余地，教师低控，幼儿有兴趣。

自主性体能大循环：以级组为单位进行全面开放，活动内容丰富全面，器材使用灵活，开放低控，幼儿兴趣浓厚。

而自主性体能大循环是偏向于低结构、开放式的活动，采用的主要是间接控制的方式。活动中教师是活动的观察者、环境的创设者，幼儿有更多的机会可以自我决定、自我选择，以发现适宜的学习方式来内化教育影响。

一、自主性体能大循环在幼儿园早操中的运用原则

1. 有效组织，发展动作

根据《3—6岁儿童学习与发展指南》对中班幼儿动作发展要求，我园有目的、有计划地投放材料，安排、组织系列活动，并适时调整各个运动的难度和强度，其总目标如下。

基本动作发展项目及总目标一览表

基本动作发展项目	基本动作发展总目标	
	上学期	下学期
走	上体正直，上下肢协调地走，听信号有节奏地走，用脚尖走、蹲着走	听信号变速走，步行1.5 km，变方向走，负重走，切断分队走
跑	一路纵跳跑，快跑10—20 m，在一定范围内四散追逐跑	沿着场地周围跑，跑走交替100—200 m，变速跑，在一定范围内四散追逐跑，连续跑1分钟
跳	原地纵跳触物，双脚站立由20—30 cm处往下跳，单脚向前连续跳，双脚交替跳	双脚立定跳远，距离不少于40 cm，双脚在直线两侧行进跳，助跑跨过不少于40 cm的平行线，能自然摆臂连续纵跳触物（物体离幼儿举手指尖20 cm左右）
平衡	原地转1—3圈，在15—20 cm的平行线中间走，在高20—30 cm的平衡木上走，单脚站立5秒以上	原地转3圈不跌到，能闭目向前走5—10步，持物平衡走
投掷	自抛自接球，两人距离3 m用双手互相抛接大球，滚球击物，练习在一定距离内滚接球，学拍投球	练习肩上挥臂投物，左右手交替拍球
钻爬和攀登	脚着地屈膝爬，巩固正面钻的动作，手脚协调地攀登	学习侧面钻，钻过直径为60 cm的竹圈，能手脚协调熟练地在攀登加上爬上爬下，能团身滚

针对中班上学期目标，中班级组把以下内容作为编排早操中体能练习项目：脚尖走，快跑10—20 m，双脚站立由20—30 cm处往下跳，原地转1—3圈，在高20—30 cm的平衡木上走，单脚站立5秒以上，自抛自接球，手脚着地屈膝爬。有计划地投放高20—30 cm的平板让幼儿练习纵跳，投放高20—30 cm的平衡木上练习走，投放篮球进行自抛自接球，提供纸皮箱进行脚着地屈膝爬，提供毛毛虫圈进行巩固正面钻等，在早操进行一段时间后，中班级组老师

们感觉用脚尖走对于这些幼儿已经没有难度，于是，将其改成了蹲着走；又比如，将自抛自接球改成两人距离3 m，面对面地用双手互相抛接大球等，通过类似方法适时调整各个运动项目的难度和强度。

2. 强度适宜，动静交替

在自主性体能大循环形成前，幼儿对"大循环"的经验有限，教师先采用"超市式的体能大循环"，让其熟悉运动项目内容和循环方法，将年级组的七个班分为三组，一组练习走、跑，一组练习投掷和拍球，一组练习跳、平衡、钻爬和攀登等。对于每一组内容组织我们都以这一原则为依据，比如，练习走、跑的一组，一般从活动开始，按先慢走→快走→跑→快走→慢走，这样的运动曲线与密度进行活动；而练习跳、平衡、钻爬和攀登的一组，则按动静交替的原则安排：跳→绕障碍物→走平衡木→助跑跨栏→钻爬

3. 难度适宜，愉悦身心

活动中能让幼儿在大自然中走、跑、跳、投，通过体育活动愉悦身心，还适量允许幼儿尝试一些看似危险又充满挑战的活动。在活动过程中加强安全教育与防范，通过这些来实现对幼儿体育兴趣的培养和运动潜能的挖掘。

比如：在中班体能大循环的攀爬项目中，我们将长竹梯子放在一个轮胎上作为手脚协调地攀爬和纵跳的器材，这是幼儿熟悉的、感兴趣的内容，而幼儿先从梯子一端手脚协调地攀登到另一端后跳下，这看似危险但激发幼儿挑战困难的信心，不但符合其年龄特点，还能愉悦其身心。

4. 环环相扣，时间合理

根据幼儿的年龄特点，一般早操环节包括热身运动、队列队形变化、操节、基本动作训练和放松活动五个环节。而普通的早操时间为：小班早操时间一般为8—10分钟，中班时间一般为10—12分钟，大班时间一般为12—15分钟。中班组老师商讨——为了运动曲线更合理，中、大班尽量安排在6—8分钟左右。

5. 音乐动作，相辅相成

早操包括五个环节，虽然每个环节的音乐特点不一样，但需遵循早操音乐中"曲线上升，波形进展，曲线下降"的规律。队列练习要选择进行曲风格的音乐，如《拉德斯基进行曲》；操节音乐适合选择节奏明快、速度符合动作的（各年龄班有所不同），如本次中班操节音乐选择的是节奏明快的《中国范儿》；体能活动则要选择符合动作性质的音乐（快跑、转圈、左右跳等应各有不同），如《疯狂动物城》《狐狸叫》等；放松运动则适合采用舒缓、柔和的

摇篮曲风格的音乐。

6. 面向整体，注重个体

由于受遗传、环境等因素的影响，同一年龄段的幼儿，在体育活动中的表现也存在明显的差异。同一条平衡木，动作发展好的幼儿可以很顺利地快速走下来；对于那些平衡发展稍逊的幼儿则是畏惧，走得很慢很慢。如果幼儿得不到成功的体验，久而久之就会失去对体育活动的兴趣，不利于幼儿身心的健康发展。这就使我们教师在组织体能大循环活动时，既要面向全体，又要注重个体差异。比如，在平衡木的提供上，笔者根据幼儿平衡能力的发展，提供了平衡木、竹梯、轮胎三种难度不同的器械。开始，幼儿根据能力自由选择；然后，他（她）会在朋友的影响下主动尝试两架或三架桥；同时，对于胆小、不爱动或动作笨拙的幼儿，则在适当的时候给予其帮助和指导。

二、自主性体能大循环在幼儿园早操中的组织策略

1. "纸上谈兵"

"运动器材比较笨重，器材线路的不断调整"对老师们来说是个很重的体力活儿。所以，每个级组的成员印发了幼儿园的平面图，让老师在平面图上绘制各种器材摆放的位置，在平面图上的"跑线路"商定后，我们再实地演练，这就大大提高了教师们的工作效率。

2. 循序渐进

我园中班采取的组织方式是由浅入深地进行：分组在相应的几个区域里实行小循环（小超市式体能大循环）→熟悉后组建增加循环的区域数（大超市式体能大循环）→达到级组的大循环（自主性体能大循环）。

根据我园的实际情况，早操现场如下图所示：

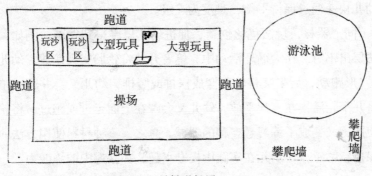

早操现场图

第一步骤：小超市式体能大循环——级组七个班中先由A组的三个班听到起音绕跑道进行走、跑交替的运动，另外B组的四个班先在操场上进行单足立、立定跳远、原地转圈练习（与此同时，另外一位配操老师迅速将器材搬至操场摆好），然后跑至各自定点的起点。接着，开始在操场里进行体能循环活动，但考虑到A、B经常需更换运动场地，且人数过多，存在等待、安全隐患的现象，于是，我们尝试第二步骤。

第二步骤：小超市式体能大循环——操场中间设置平衡区、跳跃区、钻爬区、投掷区供3个班（同时单号或双号）的幼儿组成A组按顺序进行大循环活动，而另外三个班（同时单号或双号）的幼儿组成B组在跑道上进行跑步，待切换音乐时，两组才交换活动场地，而C组由一个班的幼儿（7个班依一周次轮流一次）在游泳池和攀爬墙进行攀爬和拍球练习。这样一来，幼儿等待的现象少了，幼儿在体能活动中不但兴趣高，而且还可以在练习中巩固已学的技能，学习新技能和了解体能大循环的方法、路线。

最后，针对幼儿的经验和场地，笔者和老师们坚持这种大超市式的体能活动持续了一个学期，才过渡到第三步骤：自主性体能大循环活动——所有的运动项目标调整为中班下学期的目标，充分利用跑道、操场、游泳池和攀爬墙等活动场地，安排各项运动项目，幼儿有规则地、愉快地顺着路线开始自主性体能大循环。

3. 调整优化

（1）同一区域，器材组合分层递进，以差异满足不同需求。例如，平衡木区设置了三组：一组每个平衡木间隔20 cm摆放，幼儿单脚上下，难度系数为一级，适合刚练习此项活动的幼儿；一组间隔5 cm摆放，幼儿尝试连续通过，难度系数为二级，适合已经能熟练走平衡台的幼儿；一组多个平衡木连续摆放，幼儿快速通过保持平衡，难度为三级。

（2）同一器材，玩法优化创新，促进幼儿思维得到发展。例如，关于轮胎的玩法层出不穷。在大循环活动中，笔者开始将轮胎交叉摆放，幼儿绕着轮胎呈"S"形跑动；后来又将轮胎摆成横排或竖排，幼儿又会并脚或单脚跳进跳出；将几个轮胎挨在一起平放，幼儿又会踩在上面走过或跑过；将轮胎与竹梯配合使用，又变成了练习悬空爬的器械。总之，一种材料使用方法的改变，让幼儿保持新鲜感，让幼儿在实践中提升兴趣，在兴趣中锻炼能力。

（3）区域内材料设置不是一成不变的，随着季节温度以及幼儿兴趣的变化，笔者给予不断调整和优化组合，努力找到适合幼儿年龄特点及身体发展要求的契合点。

4. 巧用音乐、图标

俗话说："无规矩不成方圆。"幼儿规则意识的培养是幼儿顺利开展体能大循环活动的基础。比如，在超市式的体能大循环中，操场中间设置平衡区、跳跃区、钻爬区、投掷区供3个班（同时单号或双号）的幼儿组成A组按顺序进行大循环活动，而另外三个班（同时单号或双号）的幼儿组成B组在跑道上进行跑步。这两组交换活动时，我们选择音乐*Banaroo-Be My Satellite*和马文杰的狐狸叫作为切换音乐。刚开始几次，只要到体能活动音乐一切换，老师便带着幼儿和另外一组交换活动场地。在活动反复几次后，幼儿只要一听到切换音乐便自行走到另一组的场地进行活动。慢慢地，在切换的音乐中，幼儿养成了良好的运动规则。又如，教师在一段时间内固定区域设置相同的材料，并且有图标的暗示，幼儿看到图标，自然而然就领悟和接受了活动的规则，对活动不仅表现得兴奋，而且对活动也非常感兴趣。

三、早操中自主性体能大循环的成效

经过一学年的自主性体能大循环活动，我园中班级组幼儿在动作发展、身体素质、心理品质等方面都得到很大的提升。

1. 体能大循环活动符合幼儿年龄特点，激发了他们的运动兴趣

在幼儿期，不同年龄段甚至相同年龄段幼儿身体各器官、各部分、各种机能发展的快慢有差异。而自主性体能大循环是根据幼儿不同年龄的体力、智力和能力条件，抓住了幼儿感兴趣的活动安排的内容，并且科学、合理地安排活动场地，使幼儿觉得参加活动是一件开心而有趣的事情，因此，幼儿的积极性日益高涨。例如，有的幼儿早上赖床，不肯上学，经常迟到。自从将体能大循环融进早操后，这些幼儿总催妈妈快点上学，怕迟到了赶不上早操环节……事实证明，大循环相关活动受到孩子们的喜爱。

2. 体能大循环活动促进不同个体各方面得到不同程度的提高和发展

《幼儿园教育指导纲要》中指出："儿童是互动的主题，教师必须了解儿童的内在需要，不同的兴趣爱好和潜在发展可能性，给予儿童自我发展的机会。"体能大循环，通过利用幼儿园器材、场地，规划出钻、跑、平衡等各种动作各个活动区域，并且设置一定的路径，让幼儿根据自己的能力和发展水平，选择难易不同的内容，在自觉有趣的活动中，在独立或合作运动中提高自主运动能力，在良好的体育氛围中能充分地自由活动，从而使每个幼儿基本动作、运动能力在不同水平上得到发展，身体素质也相应得到提高。

3. 体能大循环不仅培养了幼儿良好的心理品质，还促进幼儿的社会性发展

第一，我们因地制宜，充分挖掘并利用幼儿园现有的户外活动场地和锻炼器械的最大功效，巧妙地利用与开发环境，将早操和体能活动进行有机结合，既保证了幼儿体得到发展，又保证幼儿运动的密度和强度。这种区域式的活动，使幼儿锻炼的目的性、层次性和差异性都得到保证。

第二，在体能活动场地的创设上，我们不仅注重物质条件——"硬环境"的创设，而且还在注重文化氛围——"软环境"的营造，把"硬环境"和"软环境"紧密结合。刚开始，我们各区域没有标志，幼儿活动时较盲目。发现问题后，我们马上在各个活动区域内设置明显的标志，在标志上配上符合区域特点的图画文字，创设文化背景，强化幼儿的规则意识和集体观念，让幼儿在锻炼身体、增强体质的同时，学会不怕困难和勇敢坚强，学会坚持和忍耐，学会谦让和合作。

常态性的活动使幼儿养成了一种运动习惯。虽然每次早操组织需要一定的精力，但每当看到他们能愉快地进行自主性体能大循环，看到他们身心健康的发展，让我们真正体会到"享受成长快乐"这句话的深刻含义。

参考文献

陆丽梅. 幼儿园户外体育大循环活动的实践与探索 [J]. 教师博览：科研版，2016（2）：81-82.

（珠海市南屏镇中心幼儿园张维东　杜秋霞）

沐四季丰华　响教育凯歌

——教育幼儿园暨朱小艳园长工作室2018年全面总结大会

　　我们热爱天空，当辉煌的太阳一出来，那是教育的思想激荡着的火焰；我们向往远方，当南方的大树一起风，那是教育的大地呐喊着的青春。

　　2018年12月23日，"沐四季丰华，响教育凯歌——2018年教育幼儿园暨朱小艳名园长工作室全面总结大会"在精心布置的音乐厅隆重召开，现场来自教育幼儿园两所分园的老师以及联盟园的兄弟姐妹们携手朱小艳市省、名园长工作室的成员同教育幼的全体教师共聚一堂，总结过去，展望未来。

　　自2015年起，珠海市香洲教育幼儿园先后成立了两所分园，组建了香洲教育幼儿园联盟园以及珠海市第三期朱小艳园长工作室。2018年9月，广东省朱小艳名园长工作室也挂牌成立。其间，根据各园、各团队不同的发展目标，教育幼儿园分别进行了有针对性的培训、论坛、讲座、指导，积极开展走访、教研与交流工作。

　　扬帆起航，重在领航人。只有精准航向，才能乘风破浪。在朱小艳园长的带领下，教育幼儿园各项事业蓬勃发展，硕果不断。在这里，我们一起全面见证和回顾教育幼儿园近三年来的发展历程。同时也让大家深切地感受到教育幼儿园的发展离不开园领导的正确引领和人文关怀，更离不开全体教职工的团结一心、埋头苦干的奋斗精神。

　　随着我们师资队伍的发展壮大，社会影响力逐步提高，教育幼品牌深入人心。2015年，带着教育幼的初心，珠海市五洲教育幼儿园在五洲花城落地生根。从成立那一天起，通过不断探索实践，坚持走特色发展之路。三年磨砺，五洲幼儿园用扎实的脚步建立起自己的校园文化和课程架构，用团结的精神成就了一支高品质专业化的教师团队。同时，五洲幼儿园也作为联盟园的一分子，用一颗质朴的真心诠释了对幼教事业的深情告白！

2017年10月，珠海市英利教育幼儿园成立；2018年11月，幼儿园顺利通过了区一级的评估！短短13个月的时间，英利幼儿园就像初生婴儿般迅速成长，令人惊叹！波澜不惊的华表下是在英利人彻夜不眠的加班加点以及节假日也毫不放松的校园建设、数不清的家长接待与亲子活动中成长的，在汗水加泪水的付出下，英利幼儿园成就了自我，完成了蜕变，走向了升华。

2017年3月18日，珠海市第三期朱小艳园长工作成立，原平沙镇中心幼儿园园长刘宇红（现为平沙学区管理办公室幼教专干）、横琴镇中心幼儿园园长胡亚敏、南屏镇中心幼儿园园长张维东、唐家湾镇中心幼儿园园长陈敏敏以及五洲幼儿园园长刘慧成为工作室大家庭的一员。

朱小艳市名园长工作室的建设发展是有效提升师资队伍水平的重要途径，是引领工作室成员园所提升幼儿园办园质量的关键，是实现区域学前教育高位均衡发展的重要举措。依托朱小艳市名园长工作室传、帮、带的作用和相互学习交流、提升的平台，进一步培养和储备了一大批名师、名园长，推动学前教育高端发展，构建了区域学前教育"学习、创新、发展"三个共同体，努力实现区域内学前教育"学有良教，质量优先，品质卓越"。

种子的发芽总是经历着"春的滋润，夏的付出，秋的收获，冬的洗礼"，正如我们全体教育人，在一点一滴的辛勤耕耘下最终成长为参天大树。同时，为有效提升师资队伍水平，引领各园所办园质量，进一步实现区域学前教育高位均衡发展。2017年10月，香洲教育幼儿园与5所普惠性幼儿园携手成立了一体化联盟园，新的机遇和挑战不断涌现。在领衔园教师的认真指导和帮助下，各联盟园所从校园环境、教育教学、师资队伍建设、园本化课程建设、人性化管理机制等方面得到长足的进步和发展。

曾经，我们急切地想知道通往优秀幼儿教育核心的方向；曾经，我们猜想"我们的以为"就是"老师们和孩子们的以为"。

万物生长，四季丰华，行走在学前教育改革发展的浪潮中，我们信心满满，我们意气风发。

无论岁月辗转，不变的唯有教育幼人前行的方向和持之以恒的向往！让我们携手共进，砥砺前行，为唱响学前教育的美好明天再铸辉煌！

（珠海市香洲教育幼儿园　罗选）

遇见　成长

——朱小艳园长工作室跟岗学习体会

时间总是在悄悄地溜走，转眼间，参加朱小艳园长的工作室已经两年了。两年前，作为高栏港经济区平沙中心幼儿园副园长的我，很幸运地成为朱园长工作室的第三期学员，我要感谢教育局领导，感谢朱园长给我这次难得地跟岗学习机会，让我有机会走出偏远落后的西区，来到香洲教育幼儿园学习先进的教育和管理经验。现在，跟岗学习即将结束，但留给我的记忆却是永恒的，新的管理之路才刚刚开始。

记得第一次见面，是在市教育局组织的珠海市第三期幼儿园园长工作室主持人和跟岗学员的见面会上。会后，朱园长马上召集工作室的几个成员碰面。在我们相互作了自我介绍之后，现场布置了我们工作室第一次活动的时间和任务。这次，朱园长和蔼可亲的笑容、亲切的询问给了我温暖的感觉。

2017年3月，工作室正式启动。我因工作需要，从平沙中心幼儿园调到平沙镇学区管理办公室，主管全镇的学前教育工作。在非管理一线的岗位上，最大的挑战是随着工作职责的改变，自己的管理思路也要改变。因为之前是管理一所幼儿园，而现在面对的是十几所不同性质、办园水平参差不齐的幼儿园，需要针对各园的具体情况给予适宜的指导和帮助，让各个幼儿园都能得到发展。也正是此时，我作为主持人的市级立项重点课题"幼儿园绘本游戏的设计与实践研究"刚刚开题，为了课题研究的顺利开展和推进，基于对平沙中心幼儿园不解的情结，虽然我已经离开了幼儿园的工作岗位，但工作的主要阵地仍然放在幼儿园。

2016年7月，"幼儿园绘本游戏的设计与实践研究"课题被批准为珠海市教育科研"十三五"规划第一批重点课题。作为一项市级的重点课题，从酝酿申报到全面开展研究已经过了两年多的时间。自开展课题研究以来，课题组成员认真组织实施了一系列教研活动。绘本游戏化课题通过多方整合，研究成果明显，孩子们从中获取了多方经验和能力。课题于2018年3月举办了中期报告会，邀请了高栏港区的同行前来研讨交流。现在，课题已进入结题阶段。希望在朱园长的指导和帮助下，我能带领课题组的全体成员再接再厉，在取得阶段性研究成果的基础上向纵深、内涵发展，提高课题科研水平，争取圆满结题，将我们的科研成果做成幼儿园的园本课程，从而突显幼儿园的特色和亮点。

2017年4月中旬，我们第一次园长工作室的跟岗学习活动在教育幼儿园进行。在工作室成员分别介绍完本园的基本情况之后，朱园长为我们制订了一份详尽的跟岗学习计划，从幼儿园园本课程的建构、儿童观察与研究、幼儿园5S管理课程培训、专家讲座、特色户外游戏观摩学习、骨干教师教学活动及经验分享、读书分享会等到各年级各学科的教学、教研的观摩和交流活动，让我深切感受到教育幼儿园是一个有着深厚的底蕴、过硬的管理和专业的师资队伍的大家庭。回首这两年来的学习，得到了教育幼儿园园长、主任、老师们的关心和帮助，带着几分眷恋、几分回味、几分收获，总结一下心得体会。

首先，跟岗学习期间，我从朱园长的身上学到了许多，真可谓受益匪浅。她的睿智、她的豁达、她的坦诚、她的魄力……使我真真切切地感受到她的个人魅力。朱园长坦诚待人，有着科学、人性化的管理理念，严谨的工作态度，大胆尝试和开拓创新的工作思路，她时刻不忘教育初心，努力成就最好的自己。

记得第一次走进朱园长的广东省名园长工作室，看到墙上挂着一幅"让自己变得更好，让身边的人变得更好"的字画，当时一股暖流涌上心头，感慨万分。我们平沙中心幼儿园地处偏远的西区，是珠海市学前教育发展最落后的地域，从市区来回要几个小时的车程。朱园长不顾路途遥远、不辞辛苦，曾几次早出晚归亲临幼儿园指导工作，给予了我们无私的帮助，感动着我们。是呀，朱园长就是这样一个有着大爱的人，她不单单是努力让自己变得更好，而且还无私地帮助身边的每一个人，让她们也变得更好。在朱园长和工作室的各位姐妹的指导、鼓励、支持和帮助下，作为平沙镇学前教育领头羊的平沙中心幼儿园在注重本园稳健发展外，还通过多种途径、形式邀请周边幼儿园同行到园学习，并通过现场点评、互助学习、跟班指导、半日活动观摩研讨等形式，搭建城乡幼教联盟的桥梁，全力帮扶、引领周边幼儿园提升办园水平。

其次，教育幼儿园有着优美和谐的育人环境，有着令人愉悦的宽松氛围，走进幼儿园，整洁明亮，处处体现出教育幼儿园的文化底蕴，处处呈现出教育幼儿园规范化以及人文化的管理。

最后，教育幼儿园有着一支庞大的专家型教师团队，不仅每一位园长可以进行专题讲座，每一位老师都是专家型的幼教工作者。教育幼儿园的这一群奋发向上的幼教人在"勤、实、群、专、新"五字诀园本文化的浸润下，勤奋务实、团结合作、专业求精、大胆创新。我想：这大概就是教育幼儿园的精神——"做最好的自己"的最真实的体现吧！

在跟岗学习的两年中，朱园长心系我们偏远落后地区幼儿园的发展，为了港区幼儿园的整体提升，经常在百忙中挤时间亲临现场"诊断"和指导，让各个幼儿园在原有水平上有着不同程度的提升，使得高栏港区的学前教育水平得到进一步提高：2017年和2018年分别有1所民办园通过市一级评估、3所民办园通过规范化幼儿园评估、5所园新核定为普惠性幼儿园。

短暂的两年跟岗学习是我教育生涯中难忘的珍贵回忆。我真心地感谢朱园长和工作室的各位姐妹一直以来对我的鼓励、帮助和指导，千言万语化成一句话：遇见你们真好！

（珠海市平沙中心幼儿园　刘宇红）

温暖如歌　携手同行
——朱小艳园长工作室跟岗学习体会

2008年至2012年期间，我在朱园长的领导下工作，这是我在行政岗位上成长最为迅速的4年。2013年因工作调动，离开朱园长到南屏镇中心幼儿园担任园长，开启独当一面的工作模式。面对香洲区最大规模的幼儿园，它承载着政府和社会殷切的期望，挑战巨大，我内心非常忐忑。幸好教育幼儿园4年管理经验的积累，使我在南屏中心幼的工作打开了良好局面，幼儿园在很短时间内走上了良性轨道。

但是，随着时间的推移，幼儿园从"高速度增长"进入"高质量发展"的阶段，我遇到的困难越来越多，感觉管理水平跟不上幼儿园发展的步伐，遇上了瓶颈。就在我一筹莫展之际，2016底，朱园长工作室又开始招募成员，我抓住了机会，成为朱园长第三期工作室5位成员之一，又一次能聆听朱园长的

第四章　不忘初心　方得始终

教诲，非常幸福。在朱园长身边，感悟到的不仅是她先进的办园理念和真抓实干的工作作风，更多地还有她海纳百川的心胸和不断要求进步的进取精神。我很庆幸能有这样一位良师益友不断地激励我朝正确的方向努力奋斗。

一、导师引领方向

一所好的幼儿园应该积蓄厚重的文化底蕴，幼儿园文化构建是幼儿园制度的最好补充，幼儿园文化对人的思想和行为的引领是任何一种管理都无法做到的。在朱园长工作室的两年时间里，有幸经常回到教育幼儿园。当我们走进教育幼儿园时，其"勤、实、群、专、新"的文化是看得见、摸得着的，同时也真真切切可以感受得到这种氛围，它流淌在老师们的心里、弥漫在幼儿园的角角落落，从孩子的身上、老师的言行、幼儿园的建筑设计和墙上的装饰中，都能感受到教育幼儿园文化无处不在。教育幼儿园之所以能够发展迅速、充满活力，成为珠海市幼教行业的佼佼者；朱园长之所以名声在外，成为珠海市乃至广东省名园长，是因为朱园长把幼儿园文化建设作为幼儿园实现办学目标的关键，使教育幼儿园的文化逐渐形成且逐渐提升。

幼儿园所体现出的园所文化需要时间的积累与沉淀，对于我们这些新开办的幼儿园，需要园长的引领与奉献，需要老师的成长与创造，更需要凝聚全园师生共同的价值观、共同的信念、共同的愿景、共同的努力方向，才能使我们的园所文化像教育幼儿园一样起着统领、规范、激励、熔炉的作用。

二、三人行，必有我师

在工作室里，有怀揣教育情怀的刘慧园长，有精于管理的刘宇红园长，有年轻稳重、踏实进取的陈敏敏园长，有年轻活跃、头脑聪慧的胡亚敏园长。工作室的每一位成员都是一座学习的宝藏，工作室每一次活动就如同经历了一次教育思想和理念的洗礼以及一次次管理策略、管理层次的提升。俗话说："三人行，必有我师焉。"很感谢这个有思想、有凝聚力、有活力的团队，让我在交流中分享智慧与经验，在学习历练中成长，开阔了视野，拓宽了思路，也找到了差距，明确了自己今后应该努力的方向。

三、个人的收获

在这一期的工作室活动中，通过不断的学习和反思，我园针对幼儿园早操大循环及室内、外混班自主游戏三个项目进行了探索和实践，收到了良好的效果。

在朱园长的倡导下，我们几家姊妹园连续两年举行幼儿早操观摩研讨，这一举措大大提高了各园早操的质量，促进了幼儿早操的发展。我园抓住这个契机不断调整和改进早操的编排，重点是探索幼儿体能大循环。我们充分挖掘并利用幼儿园现有的户外活动场地和锻炼器械的最大功能，巧妙地利用与开发环境，将早操和体能大循环进行有机结合，区域式的活动使幼儿锻炼的目的性、层次性和差异性都得到保证。幼儿根据自己的能力和发展水平，选择难易不同的内容，在自觉有趣的活动中，在独立或合作运动中提高自主运动能力，在良好的体育氛围中能充分地自由活动，从而使每个幼儿基本动作、运动能力在不同水平上得到发展，身体素质也相应得到提高，大循环成为我园早操的亮点和特色。

自主性游戏是幼儿园最主要的游戏活动，在参加教育幼儿园的自主游戏观摩后，我们也展开了幼儿游戏之旅。我园每个级组有7个班，每个班创设的环境、投放的材料各具特色。通过自主游戏的开展，幼儿的操作能力、知识经验、社会性得到很好的发展。为了进一步挖掘自主游戏的价值，2016年，我园在各班自主游戏的基础上，开展中、大班同龄混班自主游戏的探索。经过两年的反复研讨和实践，老师们感受很多，如一个班级的区域数目和材料是有限的，一个年级组的资源却是丰富和多彩的。开展混班自主游戏后，我们将好的资源加以推广和共享，拓展原本的活动空间，使幼儿有更多的游戏区可以选择，有更广泛的环境与信息资源。同时，材料与环境大家一起搜集与创设以更加丰富，为幼儿的创造性活动、合作活动提供更多的机会和可能。这样的资源共享，充分激发了幼儿的积极性和主动性，让幼儿不仅可以在自主选择、探索、操作中，还可以通过与材料、环境、同伴的互动中获得发展。

室内自主游戏的探索之后，我园自2017年开始，将室内游戏活动延伸至户外。以"自主、探索、合作"为立足点，挖掘多方资源，开展户外自主游戏活动。结合本园的资源优势，挖掘现有可利用的空间、材料等，统筹规划户外自主游戏的区域，在保证场地安全的前提下，创设突出生态化、趣味性、活动性、挑战性及满足幼儿自主选择需求的游戏。经过一年多的探索，校园的每一个角落都被利用起来，创设了CS枪战区、野外生活区，造纸工坊、田园驿站、科学探索区、烹调区、赛车道、攀爬区等，让校园空间得到最大化地利用，有效地促进了幼儿良好个性的发展。此外，我园还开展了多种活动的组织方式：分班活动、同龄混班活动、大带小混龄活动三者结合开展，使得幼儿在户外活动中，既可以扩大交往范围，也可以通过幼儿与幼儿之间的互动，促进多种智能全面发展和提高。

通过两年工作室的学习和活动，让我感受到了朱园长的底蕴深厚、热心教育的魅力；感受到了工作室伙伴们孜孜以求、勤于实践、勇于探究的精神；感受到了这个集体给我带来的欢乐与收获。朱园长说过："每个幼儿园都是一颗相同的种子，在不同的环境、空气和养分中成长为各自独特的花朵。"希望南屏中心幼儿园这颗种子在我的精心培育、耐心浇灌下茁壮成长，进而成长为一所有文化、有内涵、有特色的优质幼儿园。

（珠海市南屏镇中心幼儿园　张维东）

榜样的力量
——朱小艳园长工作室跟岗学习体会

"每一个人绽放的时间都不一样，但总是会到来。所以，不必和别人比，自己努力了就没有辜负。"这段温暖的文字，来自敬爱的朱园长。还记得四年前，作为旁听生，我有幸参与了朱园长第二期工作室的学习，当时记录下的跟岗情景历历在目：

望前程，歌飞扬

一个星期不长也不短，然而，当它充满了激情、挑战、灵动、勃发……不断充斥你的灵魂深处的时候，这样的一个星期就着实让人目不暇接、欲罢不能了。请允许我从三个角度来诠释关于朱园长工作室跟岗一周的内心感受。

1. 幼教情，深似海

教育幼儿园的崛起绝非偶然，这是来源于一位卓越的领导人以及一个优秀团队的厚积薄发。朱园长高瞻远瞩、深谋远虑、平易近人是众所周知的。她总能在不经意间启发你，引领着你，温暖着你。比如：全面充分的放权，因材施教的培养，创新求变的果敢。在这里，由每一个灵感所展开的思考，因每一次碰撞所燃点的火花，都是一场思想与行动的蜕变，实属不易。很挣扎，也很带劲儿。让人不禁拍手称绝！这些都源于教育幼儿园对于"让每一个孩子拥有良好的人生开端教育"的执着与坚持、深情与厚意。

2. 满园春，纳四方

花朵的芬芳来源于大自然的阳光和雨露，正如朱园长所说的："植物园里的花儿该开的都开了，果该结的都结了。"教育幼儿园的每一位员工在一个自由、民主的大家庭里，逐渐从青涩走向成熟，由成熟走向绽放。这些是多少个日日夜夜的铭记啊！这都源于教育幼儿园不让"每一位老师掉队"的强有力的节奏和信念。它敲打着教育幼人的心，推动着大家不断审视自我，否定自我，从而突破自我，重塑自我。把先进的教育请进来，让完美的升华传出去；把创新的种子埋下来，让盛开的花朵更娇艳！

正所谓："海纳百川，有容乃大。"这正是教育幼儿园四季如春花常在的缘由。

3. 望前程，歌飞扬

又一份新的五年规划新鲜出炉了，这里凝聚了全体教育幼人的憧憬和渴望。在学前教育的道路上，她总能以如歌的行板，自如地游走在这片属于她们的青春飞扬的道路上。在新的一个五年里，我们有充分的理由相信教育幼儿园将以团结、务实、刻苦、创新的优秀品质去追求和实践下一个更高、更强的目标。

而那一刻，你又欣喜可见歌飞扬！

朱园长在管理中充分放权的智慧、因材施教的方式和创新求变的果敢，就像一双无形的手，时刻推动着教师和园所的成长与发展。香洲教育幼儿园正是在朱园长的带领下，一步一个台阶，矗立于珠海市学前教育之林。

2017年3月，第三期园长工作室成立了。在朱园长的关心和帮助下，我终于可以加入她的工作室，成为一名入室弟子，我的内心是如此的澎湃。能与贤人志士为伍，向智人学习思想和方法让我倍感珍惜。现将学习中的收获总结如下。

一、目标改变结果

在朱园长工作室的学习中，我学习到了一个园所的发展离不开好的规划。一份好的规划，成就着园所的三年、五年乃至未来的高度。同时更多的是对领航人的考验。园所的发展是否可以乘风破浪，就要园长对于船只的了解及对航线的把握。高瞻远瞩在这里尤为重要，学习和认识国家的政策方针，熟知幼儿园儿童及本园实际情况的发展特点，才能制订出符合园所特点的且可实施性强的发展规划……每每想起这些重要的信息，我都会反复地思考，最终总结梳理出部门的发展情况，正如朱园长所说到的"规划先行"一样。

二、利津并不遥远

对于利津教育的向往，源于园所的一个宗旨——"玩"。朱园长策划的学习方案，充分满足了大家的好奇与想象。2017年11月，在朱园长的带领下，工作室的成员们一同来到利津参观学习。通过参观锦屏幼儿园、淄博市第三幼儿园、东营市实验幼儿园，我感受到了学习中强调的生命本位理念。在赵兰会园长的讲座中，理解到他深切的教育情怀。他把幼儿园建设成为一个游乐场，非常有趣且生动，孩子们每天都充满了期待，把入园焦虑转变为离园不舍，这是一所多么有魅力的幼儿园啊！回归到教育的本质，不难发现，其实所有有趣的事物，首先是幼儿园的领导者先要善于捕捉儿童的需要，逐渐发现适合他们的成长要素，要真正让幼儿园为孩子们注入合适的养分，就要像朱园长、赵园长一样，做一位有思想的园长。

三、鲜活成就课程

1. 园本课程从何而来

要建构一个优质的园本课程是我们共同的愿景。为了做好这一点，在规划课程的道路上，我们总是一味地想着如何更好地发现和挖掘园本素材，却忽略了课程的主体是幼儿，是一个个鲜活的个体。要让课程为儿童服务，让其主体呈现真我的本色，这是对于课程美好的向往。我们所追求的园本课程，如何更好地接近理想中的课程目标，把园所的课程与幼儿的发现相适宜，这是一个思考的方向。因为想让孩子们的发展与我们的期待相一致，为的是始终保持良好的趣味性和真实性，保持为孩子而来的教育梦想，成就更加强大的教学体系，利用本土资源的优势，生发出符合本地特点，结合规程和纲要精神的园本课程，真是需要一步一个脚印地踏实前行。

2. 园本课程如何构建

2018年的4月12日，朱园长带领工作室全体成员协同各成员们的精英团队，一同走进唐家湾中心幼儿园，开展了一场关于园本课程研讨的现场教研活动。活动开始时的三个分享，让我们耳目一新，触动了内心关于课程到底是什么的思考。通过研讨，大家从课程就是鲜活的现场这一理念中共同感悟为以下内容——所有的教育行为是实现儿童的发展，教育目标的核心是孩子，他们永远是课程的主体；教育要注重三个适宜：年龄特点、个性特点、文化背景。课程是一个动态的过程，互动性是课程本质中重要的因素。具有情景性和及时性的本旨，即"当下"。

儿童的任务是解决问题，而成人的任务则是在儿童需要时提供帮助。正如法国教育家卢梭所说得那样，大自然希望孩子在成人之前首先成为孩子。童年，有他自己的所见、所思和所感觉。通过一整天的学习，大家完全沉浸在成就孩子幸福童年的畅想中，而这一切都要从身边做起，从点滴做起，将课程从理解和适宜的角度做起。此次教研活动也为我园进一步建设园本课程提供了良好的策略和方法，提升了教师们对如何构建幼儿园园本课程的认知，提升了为建构促进幼儿发展的唐家湾园本课程的信心和决心。

四、读书点亮梦想

在工作室第二年的学习中，朱园长把学习的重点安排为通读一本好书。通过她的引领，让我们发现了一个新的学习路径。通过对《0—8岁幼儿纪律教育》一书各个章节的理解，逐步深入关心和理解儿童成长的节点，什么样的方式是提升幼儿心理能量的基础，如何成为一名好的纪律教育的教育者……我有了新的感悟。通过五期的读书会活动，让我重新审视系列的教育观和价值观，让我们更深刻地开始分析，作为一个园所领导人应该持有的理解方式，应该运用的工作方式，等等。

在读书会中，我领略到各位工作室室友的风采。张维东园长的读书会运用的体验式教研的交流方式，让我们打开了何为纪律教育的大门，正视自己曾经的不足；刘宇红园长分享了幼儿游戏片段的捕捉，让我们学习正确的沟通方式，在逐字逐句的较量中，学习如何说出合适的沟通语言；刘慧园长环环相扣的分享设计，让我们学习从幼儿的视角解决问题，关注幼儿的幼稚行为，重新理解幼儿曾经被忽略的行为原因及未被满足的需要；胡亚敏园长在分享中以一个警钟式的电影片段和一个生动有趣的预防针时刻，让我回想起自己作为教育工作者应尽力尽心地诠释关于教育的意义和价值。

朱园长工作室的跟岗学习是一场思想与行动的蜕变，这实属不易。"让每一个孩子拥有良好的人生开端"里的执着与坚持、深情与厚意，激荡着每一位参加学习的伙伴，我深深眷恋着这份来之不易、铭记于心的师徒之情。

列宁曾经表示，榜样的力量是无穷的，你身边生活着什么样的人，你所处的是一个什么样的圈子，都直接影响到你个人的思维和决断。朱园长就是一个很好的榜样。感谢朱园长的知遇之恩，感谢小伙伴的相互勉励。就让我们继续朝着为"让每一个儿童拥有良好的人生开端"，为"成为更好的自己，让身边的人变得更好"的目标奋力前行吧！

（珠海市唐家湾中心幼儿园　陈敏敏）

乐在心　成于性

——朱小艳园长工作室跟岗学习总结

在幼儿园发展的起步阶段，作为园长的我，于2016年非常幸运地加入珠海市朱小艳园长工作室跟岗学习。朱园长针对工作室学员的特点，对于学习内容和形式进行了精心策划及安排。学习内容包括：如何制订园所发展规划、如何管理团队、如何建设园本课程、如何观察评价幼儿、如何进行自我成长等；学习形式有理论讲座、经验分享、头脑风暴、现场观摩、读书分享等。这样既有理论高度，又有实践深度的学习，对于一位新园长、一所新的幼儿园的帮助非常大。

两年来，在朱小艳园长的引领下，在各姊妹园的帮助下，在家长们的全力支持和全体教职工的共同努力下，我园在不断地进步和成长。如顺利通过市一级幼儿园的评估，家长满意率高达100%；被评为珠海市餐饮服务食品安全量化分级管理A级单位；多位教师的论文获中国学前教育研究会年度征文、广东省学前教育协会、珠海市学前教育协会年度征文的一、二、三等奖；胡亚敏园长荣获华发教育2017—2018学年度"优秀园长"称号。

具体措施及经验如下：

一、乐在管理——明晰办园定位，优化管理机制

我园作为横琴新区目前唯一一所公办幼儿园，需明晰办园定位，实现特色发展，为横琴新区提供与之发展相匹配的高水平、有特色、开放式的学前教育服务，努力成为国家深化改革先行示范区里学前教育领域的一张闪亮名片。

（一）完善顶层设计，调整发展规划

根据朱园长培训的"如何制订幼儿园发展规划"的要求，我园集思广益，设计和发放系列问卷，多维度、多层次地向政府、企业、专家、家长、教职工等征询建议，完成了《珠海市横琴中心幼儿园发展顶层设计思路》及《珠海市横琴中心幼儿园五年发展规划（2018—2022）》。在园所顶层设计和发展规划中明晰了幼儿园的办园理念及定位、育人目标。

1. 办园理念及定位

办园理念：给孩子一个快乐童年——传承华发教育全程全人全面的绿色生命教育的办学理念，遵循学龄前儿童"率性达乐"的特点。

办学定位：融中西文化，办世界名园——打造一所根植民族、绽放国际的全国一流、世界知名的品牌园所。

2. 文化定位：乐以养性

通过幼儿自主选择和自然学习的过程，维护幼儿身心平衡，促使幼儿获得身心愉悦，在快乐的环境、氛围中养成性格、陶冶性情。

3. 育人目标：健康快乐、富有创意、国际视野

我园的育人目标与园所文化定位、幼儿园发展目标紧紧相扣。健康快乐——让孩子的笑声传得更远；富有创意——让孩子的思维变得奇妙；国际视野——让孩子的视野越过国界。

（二）优化管理机制，完善考核体系

老子说："治大国，若烹小鲜。"管理园所和治理国家是同样的道理，要精心而为。我园的园所管理，在"乐以养性"文化定位的引领下，坚持以人为本，以道德自律为核心，以科学的管理机制为途径，办"孩子的学校"，办"老师的学校"，办"家长的学校"，从而实现为孩子创造幸福快乐的童年，

为员工搭建事业成功的舞台，为家长提供高端教育服务，为社会提供优质品牌教育。

1. 优化机制，梳理流程

在实践过程中，幼儿园管理机制与流程一定要根据实际情况不断地进行优化和调整，这样的管理才是落地的。我园在"系统化的教师培训""规范化的教师常规""严谨化的教科研""和谐化的家园共育""科学化的膳食管理""标准化的安全管理""严格化的卫生保健""条理化的资产管理""系统化的生源管理""专业化的活动策划"十大方面，逐步完成了流程梳理工作。

2. 完善考核体系，提升管理品质

各项制度、各项工作是否按质按量地完成离不开科学的考核机制。我园采取过程管控与结果评估相结合的考核机制，实行"聘任制"——能进能出、能上能下，完善教职工考评和晋升机制，建立了科学、有竞争力的薪酬体系。

二、乐在团队——凝聚团队力量，提升专业素养

老子说："道大，天大，地大，人亦大。"管理中应该把人放在第一位，让员工在工作中找到归属感，在团队中找到认同感。团队抱团取暖、共同前行才是幼儿园稳固发展的根基。我园结合园所师资力量的实际情况，尝试着通过有趣味、有深度、有内涵的方式，将"尊重、包容、专业、创新、感恩"的"家文化"全方位地渗透到团队建设中，打造一支有温度、有爱心、有专业素养的师资队伍。

（一）用爱温暖团队，用情凝聚力量

爱的支柱——坚持党的领导。在党支部的领导下，我园教职员工不忘初心，牢记使命，积极参加党建活动，如华发集团第七期党务干部培训、"不忘初心，重走长征路"等活动。

爱的力量——家人的爱。积极的工作动力需要家人的支持和关爱，一位心里有爱的老师才能把爱传递给孩子。暑假期间，每位员工做一件向家人表达爱意的事情并记录下来。教师节期间，每位员工也都收到了一份来自家人的神秘礼物——"爱的祝福"视频展播。

爱的传递——同事的爱。我园在同事间开展了为期一周的"国王和天使"的团建活动，让爱流淌在每位同事日常的相处中。

爱的陪伴——专家的支持。开展心理陪伴室活动，邀请专业的心理辅导人员为有需要的老师定期开展心理辅导。

爱的关怀——专门的关爱时间。当工作上遇到困惑时，当生活中遇到烦恼时，当对幼儿园管理有不同的建议时……我园设置了专门的关爱时间：班级有专门的恳谈时间，年级组有专门的沟通时间，园长有专门的访谈时间，大家各抒己见、诚恳交谈、互帮互助。

爱的分享——咖啡文化活动。各部门尝试开展咖啡文化活动，将教师个人的与集体的分享相结合，把个体的学习变为大家共享的、开放的经验，让教师享受这种浓郁的学习氛围。久而久之，驱动力从一种外在要求转化为内在需求。

爱的结对——师徒制。充分发挥我园或是华发学前教育板块的骨干教师的引领、示范、辐射作用，通过结对、传帮带的形式，取人之长，补己之短，促进新教师和青年教师的专业成长，打造优质的教师团队。

与此同时，"爱心生日趴""达人俱乐部""童军俱乐部"等教职工们喜欢的活动都在开展，让教职工真正感受到来自"家人"的关爱。

（二）落实分层培训，提升师资素养

习近平总书记强调，一个人遇到好老师是人生的幸运；一个学校拥有好老师是学校的光荣；一个民族源源不断涌现出一批又一批好老师则是民族的希望。

1. 借助办学优势，保障培训经费

我园依托"公办民管"的办学优势，每学年都有充足的培训经费。由于办学性质的特殊性，经费使用既要符合政府规定又要符合公司流程。我园在遵守资金使用规范的前提下，积极寻找各种优质培训的资源，为横琴的学前教育发展培养人才。

2. 重视人才培养，制订发展规划

根据华发教育公司制订的"2018后备干部培养计划"及"华发学前教育教科研建设规划方案"，我园制订了"珠海市横琴中心幼儿园教师队伍建设实施方案"，教师制订了个人发展规划。从华发教育公司、华发学前教育板块再到幼儿园、个人，逐级地进行了规划，逐步厘清了不同层级教师发展的标准、培训内容和要求，从管理、教研、教学等方面全方位保障教职工队伍的专业发展。

3. 实施三大工程，分层培育人才

经过探索，我园不断地拓展教职工的学习形式。如园内教研、外出培训、跟岗学习、参观交流、师徒帮带、个别指导、自我提升等。同时，也在不断理清不同层级教师的培养方式。

新手型教师的传帮带工程——我园对新教师的要求：熟练实施园本课程，有效组织一日生活流程。部分新教师正式上岗前，需参加华发教育学前教育板块组织的为期2周的系统岗前培训。完成1个月至6个月的跟岗学习，每周参加级组、全园的通识性教研活动以及外出培训的基础性课程，如"教师成长培训研讨班""林文采父母大讲堂""PPT制作培训""幼儿园说课培训""幼儿心理健康教师C证或B证培训""正面管教"等。

骨干型教师的成长工程——我园对骨干教师的要求：能高效实施园本课程及了解国内外幼教发展的最新动态；具备对幼儿进行有效支持、培养和指导青年教师的能力和具有主持区级教研或科研课题的能力。我园的教学组长、年级组长及部分班主任能独立带领团队进行教研活动，并独自开展工作坊。胡泽婷老师、袁文鑫老师已进入到华发学前教育教科研组的内训师培养行列。另外，骨干教师根据自身的特点与兴趣，参加"影戏集体创作""奥尔夫音乐工作坊""PCK教学质量认证培训""参观瑞吉欧教育成果展""2017德国专家绘本专题课培训"等。

专家型教师的孵化工程——我园对专家型教师的要求：是某领域的带头人或学术骨干，能领导园本课程的建设，具有主持市级及以上教研或科研课题的能力。管理人员：胡亚敏园长参加了"珠海市朱小艳园长工作室""广东省唐雪梅名教师工作室"的跟岗学习；赴美国参加"全美幼教年会"、赴上海考察IB课程等。胡亚敏园长、罗建副园长都参加了华发学前教育教科研组，在专家的引领下提升教研领导力。罗建副园长参加了"职业园长能力提升系列培训""中国学前教育研究会2018年年会"等。后备干部：后勤主任邢娟作为幼儿园的中层干部，参加了华发教育2018后备干部训练营，从个人能力分析、管理能力、课题等方面全方位地进行学习提升。

三、乐在课程——夯实课程建设，促进内涵发展

园本课程建设是一项系统工程，更是一个不断完善、提升的过程。依据朱园长提出的"鲜活的教学现场"的概念，结合我园"健康快乐""富有创

意""国际视野"的育人目标，我园在课程建设方面做出了很大的努力。

（一）联合专业力量，梳理课程框架

我园管理人员积极参加由华发教育公司学前教育板块牵头，联合容闳各分园园长组建的"AH-HA课程体系建设专家组"，专家组共8人，其中我园就有2人。通过为期半年的努力，梳理出《解密AH-HA》课程书。《解密AH-HA》课程书对AH-HA课程的理论溯源、育人目标、课程的发展领域、课程的实施路径、课程的评价策略和工具都进行了详尽的解读。我园也通过开展工作坊对全体教师进行了课程宣讲，让其对课程有清晰的认识并能指导教学实践，从而实现幼儿园教学品质的全面提升。

（二）借力优质专家资源，完善园本课程建设

我园在实践探索过程中，以华发教育公司新鲜出炉的AH-HA课程书为抓手，听取朱园长的建议与指导，结合师资队伍的现状，逐步地完善园本课程建设，彰显出横琴特有的课程特色。

乐在探究的主题活动——结合幼儿的兴趣、地域特点、社区资源等因素来选择研究的主题，着重于对"中华优秀传统文化""海洋文化"的探究。

乐在感受的传统文化——在节庆活动中感受传统文化，在诗词歌赋中品味传统文化，在日常生活中传承传统文化，在主题探究中研究传统文化。

乐在坚持的"十大好习惯"——从"自我管理""饮食习惯""礼仪习惯""爱阅读的习惯""爱运动的习惯""爱劳动的习惯"等方面入手，以日常坚持为原则，培养横琴宝宝的"十大好习惯"，并重点探究"爱阅读的习惯"和"爱运动的习惯"。

乐在多元的国际化——通过人文因素（引进巴西足球教练）、环境因素（中英文的环境创设和语言环境营造）、活动因素（中外传统节日和特色节日）等，让幼儿体验多元文化，为幼儿走向未来、走向国际搭起桥梁。

乐在体验的活动课程——我园现有7个兴趣活动（戏剧、足球、机器人、舞蹈、戏剧、陶艺、创意服装设计），并预备逐年增加，为幼儿提供更多的选择，如编织、书法、烹饪、围棋、工笔画、茶艺等，逐步构建起鼓励幼儿自主选择、以传统文化为主体的兴趣活动体系。

乐在关爱的个体关注——通过"家园QQ本""亲子才艺SHOW""主题晨会""全园劳动日""趣味生日趴""个体观察记录""一对一家长会""入学礼和毕业礼""大带小""个人主题倡导日""我爱特别的

你""我的情绪我做主"12项个性关怀措施，让每位幼儿在一日生活中切实体会到来自教师的关爱。

梳理沉淀已有的园本课程资源是课程建构非常重要的工作。我园成立了课程建设小组，将"乐在阅读""乐在幼小衔接""乐在海洋主题探究""乐在传统运动主题探究""乐在汉字主题探究"等探究活动编制成册，成为重要的园本课程参考资料。

（三）营造适宜的课程环境，促进园本课程有效实施

1. 加强公共环境创设，落实园本课程理念

我园因地制宜，将幼儿园三个宽敞的大走廊设置成体验互动式的公共游戏区域。一楼为"大型建构一条街"，二楼为"粤式文化一条街"，三楼为"传统文化一条街"。我园在进行第二期校园文化建设时，新增了"百家姓墙""编织墙""茶艺墙""园史墙"等，并将墙面设计与操作区域相结合，既美观又好玩。同时，我园也在积极打造"玩沙博物馆""嬉水博物馆""海洋博物馆"，努力为幼儿创造安全、健康、互动、好玩的学习和生活环境。

2. 提高班级环境创设与项目探究的契合度

如中大班分别开展"海洋""我要上小学"等项目探究环创，小班部分班级也尝试开展"生日PARTY""小美餐厅"等项目探究环创。随着项目探究活动的开展及逐步深入，教师和幼儿齐动手，充分调动幼儿参与环境布置。在主题墙中，处处描绘着活动的进程。教室虽然是固定的，但呈现的环创是流动的、生成的。审视着这些环创，幼儿能够真切地回想起每个活动的点点滴滴，那都是课程实施的足迹。

3. 把握区域创设原则，合理投放班级材料

教学部认真组织教师进行环境创设教研，仔细观察幼儿的学习及探索情况，分析活动环境是否激发幼儿的学习兴趣，区域设置是否合理，材料的投放是否适合不同幼儿的发展水平，材料的数量是否足够，等等，为幼儿创设良好的外部环境，营造探究式的学习氛围。

（四）加强教学观摩与研讨，提升园本课程的实践力

1. 落实全园、级组的教研制度

每周五，全园全体教师进行教研，各级组教师每周固定时间段集中一起对本班级已开展的课程活动进行归纳总结，并对后续课程活动的开展进行研讨，群策群力，形成园本课程建设的共同体。

2. 加强交流互动，促进教研能力提升

我园组织了"珠海市朱小艳园长工作室"的园长们来园进行"园本课程建设"教研；邀请华发学前教育板块的园长、体能老师来园开展"体能特色"教研。同时，骨干教师多次走出园门，与幼教同行分享"汉字项目探究"主题课程交流和"AH-HA课程语言线"的国际化课程交流。通过"走出去、请进来"的方式，大大提升了教师研究课程的能力。

3. 积极承接课题，提升课程品质

我园积极承接容闳总园"十三五滚动课题"的子课题的研究工作，并在实践中整理了AH-HA课程的各类金点子资源，充实相关的信息采集、案例研究，构建AH-HA课程金点子资源包，更好地推进课程品质的提升。

四、乐在后勤保障——加强安全管理，提升服务品质

为达到安全管理零事故、物品管理精细化、饮食管理的五星级品质，我园后勤部门将园长工作室学到的5S管理，实施"制度、流程、检查、考核"四位一体的管理，强调制度健全、流程科学、检查到位、严格考核，着力于精细化管理，提升服务品质。

（一）体系完善保安全

幼儿安全是开展一切工作的前提。我园高度重视安全工作，不仅经常对幼儿进行安全教育，而且还对全体教职工定期进行安全培训，强化安全意识、明确工作职责，实现校园安全"零事故"。

1. 提高安全意识，防患于未然

加大安全教育力度，提高师生安全防护意识。每学期开学第一周为"横琴中心幼儿园安全教育周"；每月的最后一天为"班级安全教育日"；每月一次"全园安全演习"；通过真实体验、多媒体教学、情景扮演、知识竞猜等方式，引导幼儿树立安全意识，提升安全防护能力。

2. "六大体系"建设，提供安全保障

安全工作必须全面具体，为此，我园不断健全横琴中心幼儿园安全工作的组织体系、责任体系、制度体系、风险控制体系、教育体系、监督保障体系六大安全管理体系。从制度上保证，在措施上落实，做到无责任事故，杜绝重大意外事故的发生。

3. 完善安全设施，避免校园安全事故

我园将在目前已安装118个摄像头的基础上，继续排查监控死角，添置摄像头，做到全方位、立体式24小时监控；对重点时段和重点区域加强保安员巡逻，严格执行门禁管理，重点把控外来人员的出入；消防设备定期更换；玩具、体育器械定期检查；严格执行食品留样、试吃制度。

（二）细节管理保落实

1. 物品管理精细化

公共物品、班级物品、仓库物品、教玩具等实现信息化管理，实现5S管理中人人自律的最好境界。

2. 饮食管理品质"五星级"

"五星级"体现在食材品质、营养搭配、色形搭配、病号餐等方面，即幼儿吃得好，吃得健康，已成为我园饮食管理的一张闪亮名片，幼儿体重达标率为95%。

（三）完善设施保品质

1. 完善消防系统

开园以来，我园按要求配备了相应的消防设备，并定期检查更换。为了更好地保护在园师生的安全，我园将加大对消防设备的投入，在保安亭设置了微型消防站。

2. 完善监控系统

由于我园教室有监控死角，同时在楼道以及功能室都未安装监控。为了保管好园所的财产，保护在园教职工及幼儿的安全，我园正在加装摄像头。

3. 完善园林建设

我园将通过栽种各种花卉、果树，丰富园所植物，并加上器皿造型设计，使整个幼儿园园林更富有童趣。

五、乐在协同共育——联合各方资源，协同开展教育

（一）与跟岗姊妹单位协同教育，相互学习，共同成长

1. 请进来

借力朱小艳园长工作室，朱园长来园指导课程建设。

2. 走出去

走进姊妹园，学习专业知识。到教育幼儿园学习5S园所管理、五洲教育幼

儿园学习观察记录，到唐家湾中心幼儿园学习微课程，等等。

（二）与社区协同教育，拓展教育资源

1. 与新家园合作，进行垃圾分类的环保教育

帮助幼儿在日常生活中养成垃圾分类的好习惯，为横琴"生态岛"建设助力。

2. 利用社区资源，扩展教育外延

教师们充分利用环境和社区教育资源，扩展幼儿生活与学习空间。部分班级带领幼儿参观横琴总部大厦、中央汇商业区的湘菜馆、银行等，让幼儿积累了生活经验。

3. 与黑豹拉丁足球俱乐部合作

每周二早上，邀请黑豹足球队的教练对我园体育教师及幼儿进行足球训练，以提升幼儿的足球水平。

（三）与家长协同教育

1. 鼓励家长参与管理

为了提高家委会的园所管理参与度，提升家委会的工作质量，我园安排专人进行工作对接，并由家委会牵头，结合工作实际来梳理家委会章程，明确职责，优化家委会的工作。提前将园务工作计划、校历与其进行沟通，并通过家委会座谈会议、总结反思会等形式，提高了家委会的工作积极性，提升了家园共育的质量。

2. 引领家长专业成长

举办了每学年一次的"一对一家长会"、每学期2次的家长工作坊、每学期2次的家长教育沙龙、每学期12次的一对一家庭心理辅导、每学期1次的一对一家教咨询。每次工作坊由家委会主席、副主席担任总策划，出台相应的执行方案，细节到人，可操作性强。家委会各部门认真执行方案，相互配合，使得每次的工作坊都取得了圆满的成功。

3. 借力家长资源

每月安全的检查包括：家委会安全部积极配合幼儿园，每月都来幼儿园进行安全检查，号召不同职业的家长从不同的角度来"找茬"，排查我园可能存在的安全隐患，保障了幼儿在园安全。

每周食谱的制订：我园的膳食历来受到业界及家长的好评。这归功于保健医生、厨师、膳食委员会家长的指导。膳食委员会家长收集各班家长意见，

每周都及时反馈幼儿膳食情况，积极参与到每周食谱的制订中。同时家长还参与到帮厨活动中来，以让幼儿吃得丰富、吃得开心、吃得健康。

家长义工活动：为了更好地整合教育资源，发挥家长们的特长，家委会义工队在家长自愿报名的前提下，收集资料，组建了高效的义工团队。在历次的家长工作坊、毕业典礼等活动中都能看到家长义工的身影，用言传身教的方式来为幼儿树立榜样。在"纪念容闳先生诞辰190周年"的作品征集中，我园家长才华横溢，包括书法、散文、绘画、摄影、自制短视频，展示了我园家长的独特风采。

六、乐在对外交流——分享智慧，共赢发展

由于地理位置与办园性质的特殊性，来园参观交流的社会各界人士络绎不绝，我园本着热情、开放的态度，认真地对待每一次的参观交流活动。珠海市政府领导、珠海市教育局领导、香港特别行政区教育署领导及国内外的教育同行们对我园的课程建构、环境创设、幼儿发展等方面给予高度的评价。在对外交流的过程中，我园认真听取大家的合理建议，围绕"乐以养性"的文化定位，不断地改进和解决办园过程存在的问题，努力向前发展。

同时，我园也主动走出去，为社会贡献一分力量。胡亚敏园长参与组织策划了珠海市2018年学前教育宣传月的开幕式，为全国各地的园长和老师们分享"班级管理""家园共育""计划工作回顾"等内容，为珠海市的幼教同行们分享"档案管理"；罗建副园长为全国各地的园长和老师们分享"鼓励超越表扬""AH—HA课程的语言线"等；张芳老师给珠海市的幼教同行分享了"汉字主题探究"，王相博老师给华发教育的同事们分享了"趣味体能活动"等。

老子说："合抱之木，生于毫末；九层之台，起于垒土；千里之行，始于足下。"我园会把在朱小艳园长工作室学到的知识继续传承、发扬，一步一个脚印地在实践过程中加以改进和提升。在"给孩子一个快乐童年"的指引下，让每一个从这里走出去的孩子都"乐在心，成于性"。

（珠海市横琴中心幼儿园　胡亚敏）

跟随榜样　坚定航向

——朱小艳园长工作室跟岗学习体会

2017年3月，我们在珠海市学前教育协会园长工作室成员见面会上加入朱小艳园长工作室这个温暖的团队中，结识工作室成员的同时，也播种下学习和发展的美好梦想和殷切希望。"律回春晖渐，万象始更新。"两年来，我们共同努力，不断求索，收获梦想。

工作室成立伊始，朱园长携工作室的成员们到各园走访，我向大家介绍了刚刚成立一年多的五洲幼儿园——

2011年1月，珠海市人民政府印发《珠海市中长期教育改革和发展规划纲要（2010—2020年）》中明确指出，"大力发展具有公办属性幼儿园""城镇小区配套幼儿园作为公共教育资源由教育部门统筹安排，举办公办幼儿园或普惠性民办幼儿园"。

2012年10月发布的《珠海市学前教育三年行动计划》中指出："通过举办分园、合作园及委托管理的方式，积极鼓励公办园举办民办园、名园举办民办园，帮助、扶持民办幼儿园提升管理水平，提高保教质量。到2013年，每一所省一级公办属性幼儿园要举办至少1所分园或合作园、委托管理园。"

2015年8月颁布的《珠海市基础教育三年行动计划》中提出要重点扶持普惠性幼儿园，支持民办公助等多种办学模式。

五洲幼儿园正是乘着这个东风成立于2015年8月。幼儿园是由珠海市五洲房地产开发公司投资兴建的小区配套园，幼儿园建筑格局合理，设计雅致，场地设施均按省一级幼儿园标准建设和配备。幼儿园是五洲公司将幼儿园交香洲区政府，经局长办公会商定从朱园长所在的教育幼儿园（公办、省级示范园）派我（时任副园长）带领导团队来进行管理的一所民办公助普惠性幼儿园。因此，将香洲公办幼儿园的优质资源充分辐射，缓解公办园的学位紧张问题，是一件符民声、合民意的好事，也是香洲区在扶持民办幼儿园，探索学前教育民办公助体制上的创新之举。

五洲幼儿园拥有一批高素质的教职工队伍：教师持证上岗率和本科学历

均达100%；保育员中高级职业资格达100%（学前教育大专毕业占42%）；卫生保健人员2人本科毕业，均具有执业资格；厨师分别为高级技师和高级厨师。在开园仅一年的时间就开满了15个班，在园幼儿500多名，开创了珠海幼教界的先河。专业化的师资队伍和合理配置的组织架构为实施高质量办学提供了有效保障。

作为教育幼儿园的分园，我们始终以教育幼的管理理念和经验为精髓和核心，秉承"让每个孩子拥有良好的人生开端"的办园宗旨；以培养体魄强健、自主管理、快乐思维、友善感恩的儿童为办园目标，倡导"勤奋、务实、协作、创新、奉献"的校园文化。在本园保教管理工作中践行香洲教育幼儿园的教育管理理念，主动探索并总结具有自我个性特点的学前教育管理方法和途径。

我园以硬件设施的高规格、高起点为基础，以5S管理为要点，着力建构具有本园个性和特色的园本课程，旨在以此为抓手，提升保教工作的水平。作为一所新园，教师队伍中有来自一线岗位的和新毕业的，其业务水平参差不齐、理念不一。我们有过硬的硬件，如何让软件不软，打造一支高素质的教师队伍成为首要任务。当下，五洲幼儿园处于办园理念落实、课程框架建构的关键期。而建构幼儿园的园本课程，正是提升教师素质的有力抓手，也是我园此时的当务之急。

我期望五洲幼儿园以硬件设施的高规格、高起点为基础，以5S管理为要点，着力建构具有本园个性和特色的园本课程，旨在以此为抓手，提升保教工作的水平。因此，我将"深化教育教研，打造骨干教师队伍；完善H&S课程，彰显办园特色"作为在朱园长工作室的学习和研讨中期望达成的目标。

因此，在朱小艳园长工作室的研讨活动中，我提出了上述的需求，得到大家的响应。此后，工作室以此为主线，开展多次的研讨活动。大家共同探索课程的理念、建构、特色等创立的途径和手段，在成员们的分享和探讨中，我深受启发——将之前在教育幼开展5S课程研究和编著出版书籍的研究成果，结合五洲幼儿园在幼儿健康管理方面的优势，围绕培养目标"以自我管理（5S）为核心，将体魄强健（身心健康——Health）、快乐思维（快乐学习——Happy）、友善感恩（学会做人——Human）"凝练出五洲幼儿园本课程——H&S。在此基础之上，通过环境、一日流程、幼儿室内的主动学习、户外的自主游戏、保育工作、家园协作等方面不断践行和完善，逐步打造成五洲幼儿园的特色课程。

在短短三年的时间，我园先后通过珠海市一级幼儿园、绿色学校、示范食堂、市平安校园的评审，成为珠海市妇幼保健院协作的、唯一的儿童健康管理示范园。先后应邀省内外专家介绍管理经验、接待来自全国、省内外和港澳幼教同行来园观摩学习达2 600多人次。教师论文分获中国、省、市学前教育研究会论文比赛一、二、三等奖95人次。目前承担3项市、区级课题研究。五洲幼儿园以理念先进、目标明确、精细管理、特色鲜明而广受赞誉，已成为珠海幼教界一颗璀璨的新星。

回顾在加入朱小艳园长工作室这两年间，通过观摩、交流促进理念更新；通过分享、研讨完善课程建构；通过培训、研读达成专业提升。我的憧憬和规划在逐步得以实现，在工作室的每一次活动和研讨中，均能使我在解剖自我的同时，不断完善自己的教育理念，更令我对什么是园本课程有了清晰的理解和认知。我认识到课程是幼儿园发展的灵魂，园本课程的建构一定要在完善的课程理念和相关理论支持下，结合幼儿园的实际，开发出适合幼儿发展且具有本园特色的课程。

在工作室《0—8岁儿童纪律教育》一书的系列阅读分享活动中，通过听取其他成员的分享和我自己参与的讲解，新的理念、新的认知、新的策略如泉涌现，更加理清了我对引导儿童自主发展的思路，增强了我对五洲幼儿园以"幼儿自主管理教育——5S理念为核心"的培养目标和课程理念的再次审定。大家在共同建立和参与的这个学习团队中，彼此尊重、相互扶持，使我在理论素养、业务水平等方面均得到很大的提高。

感恩遇见朱园长工作室，感谢朱小艳园长的栽培！

（珠海市香洲区五洲幼儿园　刘慧）

六 "寻" 感悟

寻

2016年的冬天,
我们相遇在教育幼儿园,
一切无须刻意,似飞流直下,
自是那么妥帖,皆是那么自然,
一切都是那么的水到渠成,那么的顺理成章。
皆因你已悄悄驻足我心扉,皆因你已深深摄入我的灵魂。

初寻

孩子们的美好一直都在,
发现他们的美好,
并愿意为他们的美好而创造,
每一所幼儿园一直在努力。

探寻

一位有思想的教师,
要有想法,成为有信念的思者,
把"想法"变成"做法",成为知行合一的行者,
要"做法"变成"说法",成为有作品的作者。

追寻

要回归自然,因为儿童原本就是自然之子,
要回归传统,因为传统是我们民族的根系,
要回归生活,因为生活本身就是儿童当下最重要的存在。

又寻

道德自主的建立很重要，

为了世界和平与和谐的事业，

或许它就萌发于孩子的心理并由此得到传播，

而教师们或许就是和平与和谐种子的传播者。

寻味

梅花傲雪，凌寒开放，

两年光阴，精彩纷呈。

经历两年的工作室即将步入尾声，激情依旧萦绕在脑际，

涌动依旧在心田，感动依然在心间；

缕缕眷念，油然而生，

"朱园长工作室"不想跟你——再见！

"教育幼联盟园"不想跟你——Say goodby！

我们在学习中相遇，遇见播种的美好；

我们在成长中相遇，遇见花开的快乐；

我们在发展中相遇，遇见收获的幸福；

最终，我们心灵相遇，遇见最好的自己！

（南屏镇中心幼儿园　张维东）

那些花儿

时间，如无声的脚步，
走在满园春色里，
那邂逅在玉兰香中的容颜静谧盛放。
四季轮回，迎来送往，
园长工作室，
带走的，是思绪飞扬；
留下的，是岁月沉香。

【花儿·说】

漫漫幼教路，风雨相伴；悠悠师者心，苦乐兼收。在幼教的征途上，一位名师，有自己的教育思想；一名园长，有自己对教育的理解。工作室团队演绎着精彩的幼教人故事，孜孜不倦地用自己的思索和行动诠释一个教育行者的成长历程，引领着一方的学前教育向前发展。

——十一小学幼儿园　陈徽

在跟朱园长学习和了解幼儿园环创要领后，我明白了凡是幼儿自主创设的环境，就是幼儿最感兴趣、最乐意参加活动的地方。幼儿园墙面环境创设不再是强调外在装饰，也不再是教师一个人的手工劳动。而是以幼儿发展的需要为目的，紧紧围绕教育目标和教学内容，发挥孩子的主体作用，充分调动幼儿和家长共同参与的积极性，共同创设幼儿所喜爱的"对话"。

——韩颖梅

其实，每一位员工都是一颗种子，如何让每一颗种子都能长大成材，我想：应该向朱园长学习——做到关注每一位员工，关注每一位员工的闪光点，不让每一位老师掉队。

——斗门镇中心幼儿园　彭雪华

以"不让每一位老师掉队"为理念，带着强有力的节奏，敲打着教育幼人的心，推动着大家不断审视自我、否定自我、突破自我、重塑自我。把先进的教育请进来，让完美的升华传出去；把创新的种子埋下来，让盛开的花朵更娇艳！正所谓"海纳百川，有容乃大"，这正是教育幼儿园四季如春花常在的缘由。

——唐家湾中心幼儿园　陈敏敏

在教育幼儿园不难发现这种自然常态——幼儿拖地、分餐、擦桌子、自己拿操作材料，甚至自己在水池边捞鱼等，想必很多参观者为之惊叹。正如我们，惊叹之后更多的是羡慕，每个幼儿都将成为未来的社会人，他们需要独立，需要掌握生活的能力，而到底什么样的教育才会使孩子真正回到主体的位置，我想：教育幼儿园做到了。

——伊恩幼儿园　刘珊珊

思于大，行于精致；凝心聚力，交泰志同。

——斗门白蕉中心幼儿园　邓爱琼

多元化的教学活动让孩子们每天在这里都过得很开心，真正做到了"寓教于乐"。从幼儿园环境上看，处处体现了幼儿园规范化以及人文化的管理。园内整洁优美，有令人愉悦的宽松氛围，无论是室内、室外环境都突出了以幼儿为本的理念，儿童化情趣很浓；老师都很敬业，在活动设计中，能充分体现出教师尊重孩子、服务孩子的教育理念。进班跟岗后也再一次验证了她们的宣言：不让每一位教师掉队！

——凤凰海域幼儿园　黄兰开

教育幼儿园的跟岗工作，就像在看一本好书，在吸收理解之时，不断内化，也在思考我应怎样去带领我园的教师队伍，立足于本园，为梦想而努力，为未来而改变。

——工交幼儿园　陈晓冬

为什么要教研？其一，它是教师专业成长的需要，是解决实际问题的需要，有助于形成科研教学意识；其二，教研必须是自下而上的，是有教师个人的创造在里面的。

——英才幼儿园　聂敏

朱园长是务实的，她没有用华丽地语言去修饰她的教育情怀，但往往这种朴实的语言最能打动人，也让人更能真切地感受到朱园长带领着她的团队，一步一步、踏踏实实地向着既定的目标前进。

——边防检查站幼儿园　吴景敏

我很享受这几天"一呼一吸的教育"下的跟岗研修。在短短几天中，我有了犹如"轻舟已过万重山"的感觉。

——斗门白蕉镇中心幼儿园　彭宝珠

【花儿·果】

一念花开，深浅交错，

教育，路长路短，

遥望，

那些花儿，

已怒放山坡。